謹以至誠向

中華民國三〇年代先後參加

「八年抗日戰爭」以及保衛

「台澎金馬民主自由」的

同胞們致敬

陳境雄敬書

民國五十六年十二月八日，總統蔣公視察金門前線據點，左起；一爲侍從人員，二爲九五團長張鍾岫上校，三爲金門司令官尹俊上將。右起：一爲據點指揮者，二爲三二師長陳培雄少將，三爲副司令官侯程達中將。

民國六十四年十二月，經國先生任行政院長時，主持晉升中將典禮，

民國五十六年十月，慶祝胡璉一級上將華誕留影，第二排坐於椅子上者，左起：一爲王嚴將軍，二爲高魁元一級上將，三爲胡璉一級上將，四爲方天將軍。前排席地而坐者，左起：一爲袁國楨中將，二爲汪敬煦中將，三爲陳培雄中將，四爲郝柏村中將，五爲黃光洛中將。

老軍長劉鼎漢將軍與筆者合照

左起：馬守臣，駱仲英，筆者，王正強，袁振華

左起：王正強、袁振華、陳培雄、馬守臣
（編修軍史四人連絡作業小組）

研究所同學合影（左起：陳國志、沈明室、
陳培雄、江雪秋、尉大衛）

媽媽毛雨玫六十歲生日全家合照

民國五十八年（結婚二十五週年）合照

老爸陳培雄八十歲生日合照

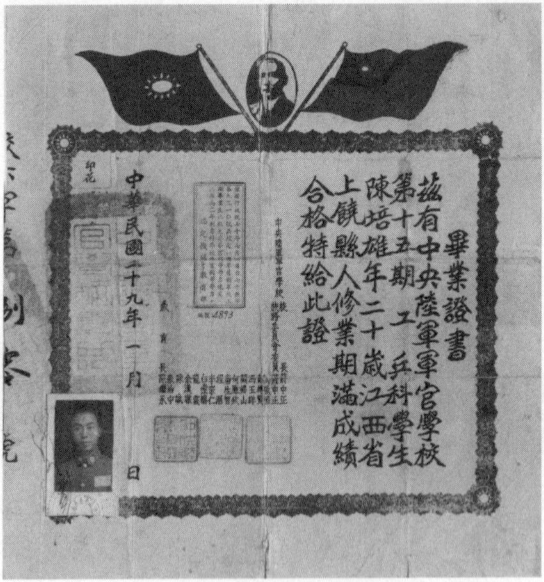

中央軍校畢業證書

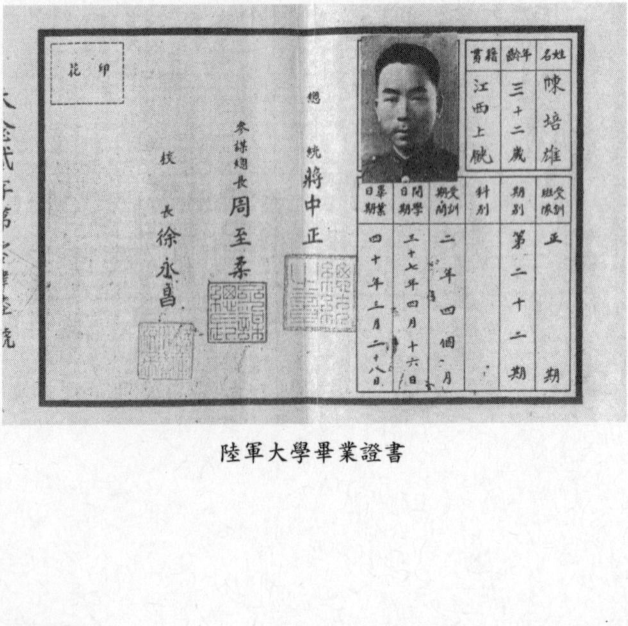

陸軍大學畢業證書

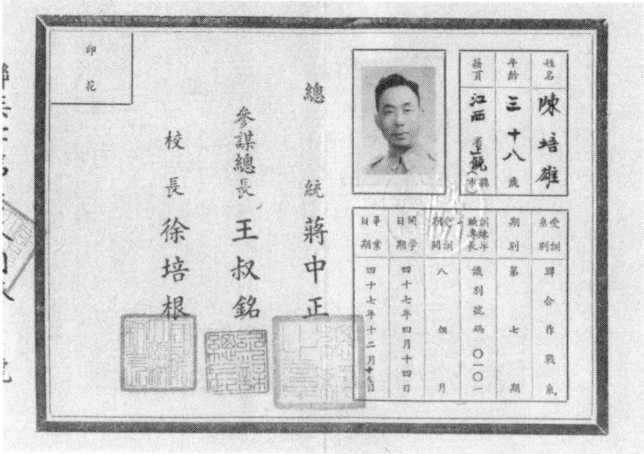

國防大學畢業證書

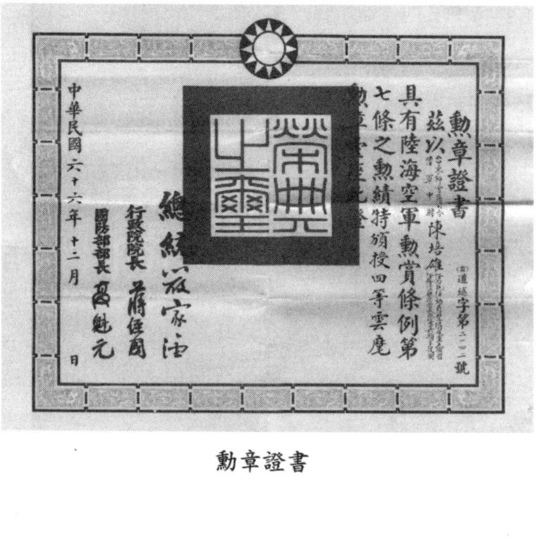

勳章證書

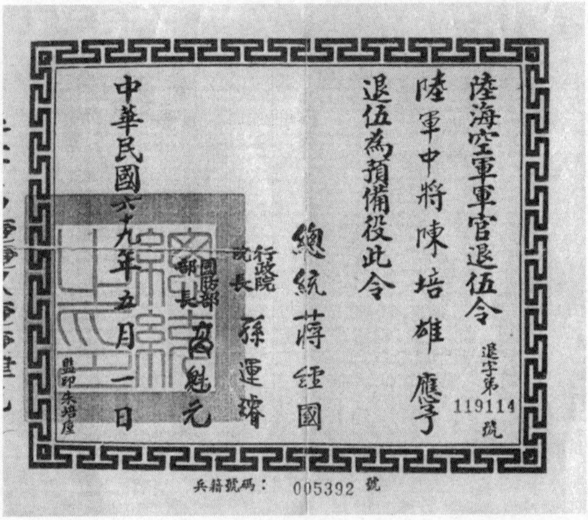

陸海空軍軍官退伍令

退字第119114號

陸軍中將陳培雄應予

退伍為預備役此令

總統 蔣經國

行政院院長 孫運璿

國防部部長 高魁元

中華民國六十九年五月一日

監印 朱培度

兵籍號碼： 005392號

退伍令

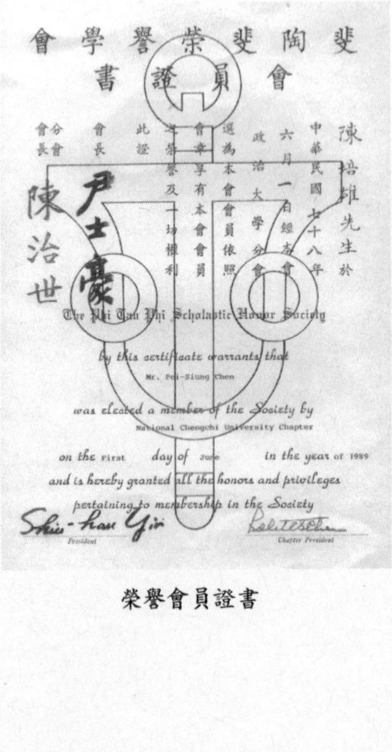

斐陶斐榮譽學會

會員證書

陳培雄先生於

中華民國七十八年

六月一日經本會

政治大學分會

選為本會會員依照

會章享有本會會員

之榮譽及一切權利

此證

會長 尹士豪

分會長 陳治世

The Phi Tau Phi Scholastic Honor Society

by this certificate warrants that

Mr. Pei-Siung Chen

was elected a member of the Society by

National Chengchi University Chapter

on the First day of June in the year of 1989

and is hereby granted all the honors and privileges

pertaining to membership in the Society

President

Chapter President

榮譽會員證書

碩士學位證書

（ ）碩字第 003245 號

陳培雄 係 江西 省 上饒 縣 人

中華民國玖年叁月陸日生

在本校（院） 東亞 研究所

（空白） 組碩士班研究期滿經

碩士學位考試合格依學位授

予法之規定授予 法 學碩士

學位此證

國立政治大學校長 張京育

東亞研究所所長 楊逢泰

中華民國 月 日

校對者：

碩士畢業證書

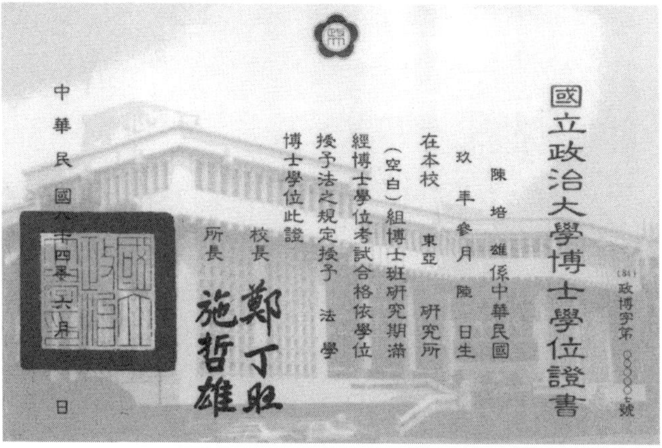

國立政治大學博士學位證書

（84）政博字第○○○○○七號

陳培雄 係中華民國

玖 年 參 月 陸 日生

在本校 東亞 研究所

（空白）組博士班研究期滿

經博士學位考試合格依學位

授予法之規定授予 法 學

博士學位此證

校長 鄭丁旺

所長 施哲雄

中華民國八十四年六月 日

博士畢業證書

老戰友序

我們敬愛的長官陳培雄將軍，是中華民國首次名符其實於退伍後，考試進入國立政治大學法學院東亞研究所就讀，先後畢業獲得法學碩士及博士學位的人。將軍是陸軍前中央軍校第十五期工兵科畢業。除了工兵專長——築城、爆破、渡河、交通等專業外，對步兵戰術技能：諸如——搜索、警戒、掩護、攻擊、防禦……等，無不兼習，均能在作戰中充分發揮。諸如在本書內——於敵後突擊時「望城崗橋樑爆破」，「雙峰嶺敵陣地攻擊」；鄂西會戰時「漆家河、石門渡河作業」；常德會戰時「獨立據點固守」等……。

在抗戰期間均能達成所負擔任務以報效國家，抗戰勝利後，將軍之到十八軍來，乃是胡璉將軍向第四方面軍司令官王耀武將軍商請調來接任軍工兵營長。……在章鳳集作戰中，與其他三個工兵營共同防守馮家沙窩、王圩要點，亙兩晝夜戰鬥，擊退二野第七縱隊之攻擊；又在宿遷作戰中率工兵營及特務營擔任曹家集司令部之防守，殲敵三野第一縱隊第三師之挖心戰術部隊。以上作戰事蹟均見於十八軍軍史之中，吾等後學未能實地見學，甚憾。

直到民國八十六年秋奉命參加編修軍史，將軍任連絡作業小組長總其成，吾等三人爲小組成員，方得在其指導下，共同蒐集資料、稿件、彙整排版。每逢週五必聚集研討成果，策劃下一步工作。經一年餘時間，完成二十五萬字之巨著，可謂空前！吾等追隨將軍受益良多，並對將軍的學養、精神、毅力，做事方法，感佩之情，難以言表。將軍退而不休，其追求新知精神實堪爲吾人師法。「老童生回顧集」即將付梓，囑爲作序，吾等才疏學淺，謹申感戴之忱，有如「高山仰止，景行行止，雖不能至，心嚮往之。」

後學陸軍少將 王正強
砲兵上校 馬守臣 謹識
工兵上校 袁振華

東亞所同學序

我們十分有幸能夠在政治大學東亞研究所認識陳培雄博士，事實上東亞所全體師生總喜歡尊稱他為「老將軍」。我們從來沒想過竟然可以跟參加八年抗日戰爭，且官拜中將階級的將軍一起生活、一起讀書；相信「老將軍」自己也從未想過在其退休之後，還可以和我們這群年輕學子相濡以沫。毫無疑問地，「老將軍」一考進東亞所，頓成政大的焦點人物，其求學態度之熱情、為人處世之真誠，更是我們這些「青年學子」學習的好榜樣。

老將軍常戲稱自己的人生，是從「老」才開始，因為他年近七十才憑著一張由一大疊歷史課本中才能讀到的軍閥，共同聯署頒發的畢業證書，以同等學歷的身份投考研究所，而且單單報考過程的坎坷，又是一篇精彩的故事，該故事在本書第四篇會有詳盡的描述。此外，老將軍還喜歡戲稱自己曾經參加過兩次「八年抗戰」，第一次當然是歷史課本中的八年抗戰，第二次則是他花費八年的時間，在國立政治大學先後取得碩、博士學位。

老將軍在讀書做學問方面，下了相當大的苦功夫，他總是東亞所宿舍裏最後一個熄燈的「老學生」。看他戴著深度老花眼鏡，再以滿佈歷史皺紋的手，虔誠端莊地拿著放大鏡，其日以繼夜的「皓首窮經」精神，在在激勵著眾多學子迷惘的心靈。

當然，老將軍待人謙沖為懷，平時除了跟我們年輕人一道求學問外，還常常跟我們一起登山、散步。有時他會笑著對我們說：「我能夠跟你們這群青年朋友相處在一起，實在是相當的快樂與幸福。但是有一個困擾我的問題就是—經常忘記自己已經老了！有時常會情不自禁地想跟大家做一些對老年人而言堪稱危險的動作。」其實，老將軍總希望我們以「同學」的態度平等對待他；但是，每當同學聚餐時，他又總愛以「長者」的姿態出現，搶著付帳。

最後，我們很高興老將軍如願完成這本為歷史、為時代見證的跨世紀之作；並有機會先行拜讀這本自傳性的著作「考驗」，事實上老將軍眞是一位非常經得起考驗的人，那正是他所展現出來的特殊風格，因為他不但經得起「大時代」的考驗、經得起「戰場」、「考場」的考驗、同樣地也必然經得起「歷史」的考驗。

王振輝　博士
何秀珍　博士
董立文　博士　謹識
沈明室　博士候選人
江雪秋　博士候選人

自序

筆者少年時曾生活在蘇區紅軍和日本武力威嚇的陰影之下；青年時參與八年抗日戰爭和國共內戰；中年時曾經參加「反共抗俄」，保衛台澎金馬自由基地的工作。歷經艱難辛苦……，常有「苟全性命於亂世」的傷感！於退伍後進入學院參閱研究資料，方知——英國歷史哲學家湯恩比（Toynbee, A.J.）預測二十世紀為「殷憂時代」（Age of Anxiety）。俄共領導人托洛斯基（Trotsky, Leon）曾說「希冀度平靜生活的人，都不應該生在二十世紀」。果如此言，這個歷史時期，的確是非常動亂的時代。許多波及擴大地區的慘烈戰爭相繼發生，諸如：第一次世界大戰、俄國革命戰爭、中日第二次戰爭（八年抗日作戰）、第二次世界大戰、中國反共內戰、韓戰、越戰、以阿戰爭、美蘇冷戰、兩伊戰爭、波灣戰爭、南國內戰、英阿戰爭等……，這些衝突戰亂都造成非常慘重的災禍——不僅使數以千萬計的死亡和鉅量物資的損毀，還要使億萬人有生之年不斷遭受精神上的虐待與物質上匱乏的痛苦。

所以在二十世紀末；從人們沈思反省之後，曾有「智者」提出「二十一世紀是中國人的世紀」！這既不是基於中國人口在數量上佔全世界總人數（約六十億）為四分之一的優勢；也不是與中國大陸「經濟改革開放」後所突顯出的「驚人」成效！而是：中國傳承文化的「仁愛和平」足以「協和萬邦」，這種「世界大同」的思想，實是當前趨向的主流。

置身於新世紀之中，雖然我們在大的方面有「願景」，但在局部方面也有些許的「失落」。筆者戎馬半生，目前業已是年過八旬的老人，捫心自問已爲「我愛中華」克盡已力，唯至今尚餘有一點微力……以遂多年的心願——「爲歷史作見證」——我寫這本「老童生回顧集」乃是以親身經歷爲主要的敘述。在文章架構上雖說是小格局、基層末節的事，但卻是一場近代史上眞眞實實的戰爭記錄，且希望藉由揚智文化一直秉持「優質出版，爲讀者拓展更寬廣的閱讀視野，建立書香社會」出版理念，將個人這段活生生血淋淋的歷史，散播給海峽兩岸的中國人與海內外廣大讀者群眾，時時提醒這一代的中國人，勿再輕易重蹈戰爭的覆轍。而是要能以仁愛的心理、和平的方法，方能圓滿解決問題，眞正創造屬於全體中國人的第二十一世紀。

中華民國在台灣教育普及，群眾知識水準已普遍提高，展望今後的二十年，正是全世界的中國人生存與發展的關鍵時期。兩岸當局若因此受到啓發，實爲廣大人民群眾之福。因此筆者衷心期盼「揚智文化」能持續擔任愛書人的領航者，持續發揮「揚礪中華文化，智開人類心田，立足台灣放眼全球」之永續經營發展精神，凝聚競爭力的主軸，推動文化產業，大力號召全民讀書運動，改善國民精神品質，使中華民國台灣成爲一個能有效接替新生命與新風潮的富足社會。

近年因眼疾視力欠佳，寫作中要考證資料，尤其是要手書稿件，逐字斟酌非常吃力，有難能如願的苦衷。但「皇天不負苦心人」，幸得學弟江雪秋之全般協助，並蒙林英銳先生爲之校正「筆寫初稿」，在修辭方面的研究乃承曹其敏先生和張鼎銘先生的不吝指教，以及夫人毛雨玫女士的多方鼓勵，在此一併敬致謝忱。

【目　錄】

第二篇　上戰場見學記　八三

(一)警備總司令兼軍管區司令鄭爲元上將說明，蔣經國先生愛護部屬的心情　二〇六
(二)民國六十六年十二月二十一日，鄭爲元上將主持東部地區司令交接典禮——由林仲連將軍接替任務　二〇六
(三)軍管區的任務　二〇六
(四)軍管區的編組　二〇七
(五)幾項印象深刻的工作　二一〇
伍、結言：星夢易醒，感慨系之　二一〇
一、兩則名言的朗頌　二一〇
二、老師和長官的格言　二一一
三、引以爲誡者　二一一
四、遲來的生涯規劃　二一一

第四篇　老童生趕考記

前言：命題意義，發表目的　二一五
壹、早年影響、印象深刻　二一七

緒言

壹、命題源起

一、時代的考驗

我們曾經處過的時代——二十世紀，被英國歷史哲學家湯恩比（Toynbee Arnold Joseph 1889—1975）稱之爲「殷憂時代」（Age of Anxiety），又更被其他學者宣稱之爲「革命變遷與危機的時代」（Period of Revolutionary Change and Crisis）。在俄共權力鬥爭失敗而遭放逐的托洛斯基（Leon Trotsky，1877—1940）曾經慨乎言之說：「希冀度平靜生活的人，都不應該降生在二十世紀。」綜合解釋上述二位世界名人所說的話——就是要警告世人生存在二十世紀，要能經得起「嚴酷的考驗！」。筆者出生於民國九年（1920），歷經「滄海桑田」，到今日已是八十四歲高齡了，若是受不了二十世紀的折騰和磨鍊，也不可能還在拿著筆草擬平生的歷程。我在「的確是曾被長期『考驗』過之後……，想想……似亦可以使用「考驗」二字作爲所寫的經歷書名。

二、往事的懷念

我是一個平凡的人，而且又曾經在大陸上打過敗仗的老兵。既不是「名士」，也不是「聞人」。我不欲以「××回憶錄」去附庸世俗。

數年之前，參與修編十八軍軍史工作，時常要到圖書館翻資料，偶然看到漢史所記「以良家子從軍」，故能擊敗強悍的匈奴。……而我國在「抗日戰爭」之初，曾有十多萬青年學子毅然棄學從軍……，終於獲得最後勝利。那些青年人不也是「良家子弟」嗎？就我個人而言，當年曾在野戰部隊（國軍勁旅陸軍第七十四軍）充任排連長五、六年之久。親自認知國軍基層幹部帶著士兵英勇作戰的情形！爲什麼沒有人「懇切」地寫出來？他們大多數是「爲國盡忠」了！現在已經沒有人再提起他們（那大群良家子弟，抗日作戰野戰軍的基層幹部……排連長們）。

民國八十七年中，修編軍史工作完成而寫稿子的習慣似難以遽然中止，乃陸續寫就四篇記事體文稿，復經彙合成爲一冊，準備付梓發行以了心願。

三、以「考驗」二字為本書命題

我們幾經研商肯定使用「考驗」作爲書名，其理由是——筆者長時期接受並經過「二十世紀」嚴酷的「時代考驗」，可說是「在考驗中成長」，由對「往事的懷念」所舒發爲文的內涵，不免多受「考驗」的影響。以之作爲「命題」似是一個適當昇華、歸納的名稱，然尚不足以揭示「思維情境」。幾經思索考慮，首先想到的是——「××回顧集」；……後來……「靈光一閃」……忽然想到「何必捨近求遠！」把本集第四編的「老童生」搬過來再用一次便了。遂以「老童生回顧集」作爲本書的副命題，這就符合了我的思維情境了。

貳、本書記述歷程的重大「轉折」情境

一、我的回顧是從認識自己老家的大門開始，然後延伸到附近的「鄉」。家鄉是人們的根本，所謂「落葉歸根」應是指「人情同於懷土（家鄉）的意思」。幼時我倚靠著母親，深切地感受到他的愛護。對於「鄉土」的感情——在離開之後才覺得深切，分離越久愈是「思鄉」。那裏是個「平靜的農村」，四季分明，但我聞到空氣中有些微「香味」便可以曉得——那是什麼花香，包括：油菜花、桃花、李花、栬子花、杞紫花，甚至草蘭花等等，中國人是「安土重遷」，因爲鄉土和前人的勤勞融合，方能支持著生生不息來者的生存！家鄉是我們的根本基礎，那裏有我們的親人、老師、玩伴、同學……。在家、鄉的支助下，我曾經進過很好的小學、初中、高

中。可是好境不常，「大時代的青年」（當年有人如此稱呼我們二十歲上下的人）恰巧遇到我國現代歷史演進過程中的幾次重大「轉折」的無情衝激。

二、首次面對歷史的重大轉折——「七七盧溝橋事變」。民國二十六年（一九三七年）七月七日，發生了日本帝國主義者明顯地用武力侵略，企圖滅亡中國的行動。雖然那時還是帝國主義侵略弱國的「風行時代」，可是我們認為「犧牲已到最後關頭」！不能當亡國奴，要起來反抗——「驅逐倭寇」（效法明代戚繼光的先例）。在忍無可忍的群情激憤之下，全面抗日戰爭遂告爆發。

在此之前，我常看到一種標語——「時代創造青年，青年創造時代。」以一個中學生的程度還不能深入了解……，可是，我們這群「大時代」的青年絕不接受那個「侵略風行」的時代，要以具體的、實際的行動來對抗日本帝國主義者。於是，我放棄進入中央大學的願望，改為進入中央軍校。兩年後畢業，志願分發要到能打仗的野戰部隊去。在陸軍第七十四軍當基層排連長約六年之久，參加過八次會戰（抗戰全期共有二十二次會戰）。到民國三十四年（一九四五年）八月，日本無條件投降，認為「大時代青年」愛國心志已盡，應可「請長假」（當年沒有退伍制度）回家再去讀書，可是未蒙批准，非常失望。

三、再次面對歷史的重大轉折——國共內戰開始（戡亂作戰）。民國三十五年夏（一九四六年），美國特使馬歇爾來華調處國共內戰宣告失敗之後，和平已無希望。我隨陸軍第十八軍到蘇北參加作戰（時任軍工兵營長），至民國三十六年冬奉命往武漢參與陸軍大學，正規班第二十二期招生初試；再赴南京覆試，於次年初榜示錄取，乃離別部隊，三月間到南京湯山報到入學受訓。

四、第三次面對歷史的重大轉折——「戡亂失敗」。隨校遷移先到廣東黃埔，再於民國三十八年秋（一九四九年）遷來台灣新竹，乃加入「反共抗俄」行列。次年春自陸軍大學畢業分發回到十八軍第十一師任參謀，由此開始從事保衛台、澎、金、馬自由基地的工作。其後歷任：科長、副參謀長、副團長（二次）、師長、特業署長（二次）、副主任委員、花東師管司令（兼第二作戰區司令）、軍管區副司令等職。曾擔任本島各地區海防，以及駐防澎湖、馬祖、金門等外島。任職署長時曾多次前往金馬、烏坵等處支援：水電、防禦工程，以及儲油、儲彈等設施構築。任軍管區副司令時，主管對本、外島有關動員、後管業務執行之督導。

五、第四次是個人經歷的重大轉折——限齡退伍爲備役中將，到輔導會登記爲「榮民」——也就是老百姓，應該是「解甲歸田」的，然而無田可耕，無鄉可歸！只得「以讀傳家」，作爲「老童生」去趕考場了。

參、以下爲本書各篇所述內容要點

第一篇　離家鄉從軍記

其記述要點為：

一、我的家、鄉

(一) 耕讀傳家——乃是先祖父玉卿公承傳的家訓，為勗勉子孫奉行，特別用「斗大的字」標示於大門的上方。在從前鄉村中的小康之家，多能「自給自足」。其方法就是以耕讀相互合作。全家參與交替讀書、種植。「耕」是生產資源以維生活；「讀」是求知明理端正作為。若能如此持之以恆，它能使家人勤儉渡日安身立命而一脈相傳。在當時社會行業排列的次序為「士農工商」，所稱「士」概稱讀書的人，可以經「科舉」途徑進身「祿仕」；也能由於「知識」過人而「授業傳道」，或行醫濟世。用今日的說法——「耕讀相長」乃是一種很好的「生涯規劃」，既可以創造進步的事業，也不用擔心「解職」無法「歸田」。

(二) 鄉土情懷——乃是少小離家而老大難回，令人惆悵不已。已經有七十多年了！腦海裏還是保留著——草紫花生長在「大坵田」中的印象。我曾經在那附近走過難以「計算」的「來回次數」！還有距離它不遠處的「青石板橋」……，在「牛車水」旁的大柳樹，樹下邊的小河，只有三四十步寬，平常河水很清、不深、流得不快，是小孩子玩水、捉魚的好地方。夏天黃昏可以跟老六叔去「洗浴」——省得用「大長工」到後面屋水井去挑來的水（是做一點好事）。多少年來的夜裏，偶爾還會做夢，……在大坵田裏拾豆箕……看蝌蚪在田邊小水溝中游來游去……。就是現在！我爬稿紙格子累了，「閉目養神」一會，還可能「飄過」大坵田那裏的影子！

二、慈母恩師

（一）慈母的愛沒齒難忘：小時候我所穿的衣帽鞋襪大多是母親親手縫製的。在大家庭中的生活是吃大伙飯的，母親顧慮到我的營養，經常會給我補充食品（通常是：桂圓乾煮雞蛋或麥冬蒸瘦豬肉）。他讓我長得很壯，穿得很乾淨。晚上母親點「美孚油燈」織麻，陪我「背書」，所以我很少被「打手心」。她嫌我不好好寫字，不知道妥當用毛筆，說我寫字像「掃地一樣」（爲此我後來曾經「苦練過」行書）。母親偶爾會說——「要努力讀書、做好人、爭氣些」。所以我一直不敢去接觸「壞人學壞事」，直到如今。

（二）恩師：啓蒙時的潘輝楷老師教管很嚴……。我長大之後非常感激懷念他；在上饒六中實小時的級任葉秀峰老師，教數學的程秉全老師和教童子軍的徐明德老師都給我很多的啓示、教訓，讓我能於早年立下良好正常的學習基礎。令人想不到的是設在河南淮陽的省立初級中學，並不是一所出名的明星學校（蘇州中學、楊州中學、上海中學、南京第一中學等等……）可是教出來的學生都很樸實無華，爲社會上的正人君子。但是校內的老師多爲北大畢業的，肯到豫東一帶比較艱苦地區去教書的應是有志節的良師。我想起在讀初三的時候，有數位老師向上海商務印書館交涉願以很低的價目購買所出版的——「四庫備要」一套書。當時有許多同學（經家長同意付錢購買）參加郵購的，我是其中之一，這套書也是區分爲：經、史、子、集四部。得到書之後，我自己常翻閱的是「史」和「集」兩部分。影響我以後對歷史和古文詩詞的欣賞興趣。當前，我執筆在寫「往事」，讓我想起淮陽中學的老師們——陶朗齋老師、李琳老師、尚天培老師等，我是由衷的感念他們！

三、永念玩伴

童年時，在上饒鄉下陪我一起玩的人有：

（一）皀頭街李老眞君廟（萬壽宮）管廟的李阿媽（帽茶姆）的小兒子李芳洲，他比我大五、六歲，不喜歡讀書，情願幫著做些粗活，曬得很黑，不喜歡穿鞋子、戴帽子。可是他很會捕魚，有很多種捉魚的本領，令我非常佩服。不過，我最誇奬他捉「黃鱔」的功夫，只要帶著「麻鉗」和「魚餌」出去半天，就能帶回家好多條大鱔魚。我很氣他從來不肯帶我去捉鱔魚，他說

——「黃鱔力氣很大，很滑溜，一不小心就會咬到手而且不肯鬆口、痛死人！」每次他捉到鱔魚回來時，李阿媽會做「粉皮燒鱔魚」留給我吃，眞好吃！（我認爲那是最美味的菜）。他教過我用「竹封」捕魚的妙法，用築小水壩圍捕大條魚的方法，在小河岸邊水洞裏摸魚的本領等等。很可惜我只學到他傳授的一半功夫，而且離開家鄉之後，就碰不到那麼可愛的「小溪」，讓我雖有本事，也無施展的機會。

（二）老六叔（陳秀鈿）是我最懷念的親長之一，據說他在少年時不肯讀書，寧願耕田，所以識字不多，首先打破了「耕讀傳家」的規則，很是「罪過」。老六叔性情溫和，是一個好農夫，他只是在農閒時會去做他喜歡的事情。他會在我不上學的時間，才叫我同他一起出去「玩」。他的「玩」法分爲兩方面：其一是「漁」——包括捉漁和釣蝦蟆；另一是「獵」——包括打斑鳩、野雞、水鴨和大雁。我看他帶什麼工具便知道要「玩什麼」：他參加許多人捉魚的時候拿的是「四角網和魚簍」（通常到小河裏捉魚，要在上游「擋住水」，然後大家用四角網採取「包圍的方式」把河中淺水弄渾——於是趁混水撈魚易有收穫；倘若他帶釣竿和圓鐵網簍，乃是要去釣蝦蟆，通常會叫我跟著去「幫忙」——當助手」。有兩種情形：在大池塘邊垂釣時，常常有黃鱔來吃「餌」，鱔魚比蝦蟆聰明些，牠是先用牙齒咬著「餌」，當釣竿提高移到岸上時，鱔魚便會張開口，讓自己掉到地上亂動一番，這時候便由我去，拿著布鞋底子猛打牠的頭……牠暈了時才可以捉起來放到竹簍裏。大黃鱔很厲害！但不可以用棍子去打爛牠，那會很難看，所以要用鞋底彎著腰去打牠的頭部，這種動作乃是小孩子做起來比較「靈光」。

當老六叔拿著鳥槍火藥袋的時候，就是要去打獵了。多在夏秋天，他也會叫我一起出去。

爲避免跑來跑去找斑鳩很累人，我們會選在斑鳩常到的樹林旁，用青新有葉子的樹枝架成一個小棚子，躲在下面靜待斑鳩來到時，在有效射距內，開槍射落之，這叫做「守株待鳥」，常有收穫。同樣用此種隱蔽的辦法，選定有收成的「旱地」旁邊的小樹叢中，等待野雞的來到附近有效射距內射擊之，更容易打到牠。我小時候眼睛很亮，耳朵也很靈，可以幫助偵察獵物的行動。

六叔似乎是「傳承了」遠祖「漁獵生活」的基因……，確有其所長與愛好；我可能也深受六叔的影響，我喜歡用長槍（步槍），在做排連長時，對於射擊和劈刺都較一般軍人稍強而有自信心——這也許是「老兵不死」的原因之一。又與被獵物（對方）周旋時，較有耐心，這種能忍的功夫是「戰地」生存競爭很重要的因素。

（三）我對於「老小叔」和「冬德子」也深有情感的。

（四）至於時常和小朋友在一起「玩」的——「老虎抱子」、「賽跑」……等，都是和七八個人一起玩的，記不起許多小孩的名字了。

（五）在二〇年代前後，鄉村是比較保守的——女孩是不和男孩一起玩的，只有在她們被派往「大菜園」摘菜時，才可以大大方方地叫「小子們」去幫忙提大籃子。還有就是當她們被允許到皀頭街萬壽宮看「白天的大戲」時，會請「小子們」去「保護」，免得受街上頑童的「干擾」。

當年在皀頭街萬壽宮小學讀書時，沒有女學生，她們是要在家裏做很多的事，我們在田裏玩的各種遊戲她們都沒份參加的——所以身體不強壯，到後來「大時代青年」上戰場時，很難見到有「花木蘭」。

歷史上明確記載，漢武帝時對北方遊牧民族作戰，是嚴格選用「良家子」當兵出征的。所以有古例可援「八年抗日戰爭」中，上戰場的基層幹部，大多數是像我這樣的農村子弟身體強壯，樸實無華而情緒「鈍重」！所以「大時代的青年」畢竟還是用他們的愛國誠心和熱血「創造了時代」——光榮雪恥，打倒日本帝國主義的年代。

四、少無大志

（一）雖然在讀吳縣平直小學五年級的時候，反省要用功讀書，以後直到高中都是勤奮學生，但總沒有想到將來要做什麼「大事」。有一次與同學談到升學問題時，我想到要考中央大學的「航空工程系」，因爲我的各門功課都是平均發展，自認爲有了基礎可以與人競爭。（這能算是立志嗎？）意想不到民國二十六年（一九三七年）七月七日發生了「盧溝橋事變」，接著就是八一三淞滬作戰，再繼之以「南京大屠殺」……。這是中國歷史重大的轉折，激發了青年學子們的同仇敵愾心，我們要保衛國家，打倒日本帝國主義，採取直接而有效的行動——投筆從戎。

（二）我對於日本人的認知是由討厭（由於在商船上日本人無故罵中國小孩），進而怨恨（一二八上海作戰傷兵告訴我的日本軍殘暴行爲），再到達憤怒不已的程度（日本侵略已無止境）。根本我是遵守「耕讀傳家」祖訓的，從來沒有想到去當兵！我再三考慮之後問自己怎麼會有這種

「動機」？答案是──「我不能眼睜睜的看著大家一起當「亡國奴」！」於是考進了中央軍校第六分校第十五期，我告訴自己──「與原來的志願相差不多，僅只把「中央大學」改成「中央軍校」，變動兩個字而已。

（三）到柳州入伍一年，分科爲工兵隊學生。行軍到桂林李家村新校址，再轉往湖南零陵工兵學校接受「代訓」半年，於民國二十八年（一九三九年）底畢業，志願分發到七十四軍同行的有三個人──李東暘、雷奮強和我。走到高安前線報到時，先見軍長王耀武將軍，問到──「誰的劈刺最好？」李東暘推到我身上！軍長命當場「表演」給他看！

（四）分派到軍工兵營第二連當排長，在前線「就職」，我到前面看看，問班長：「日本鬼子在哪裏？」答稱：「在橋那頭！」（相距約兩百多公尺）。

這是「高安會戰」的尾聲，雙方作戰辛苦得很，也累了，所以隔一條河而已，爲什麼都沒有動作？

第二篇　上戰場見學記

其記述要點為：

一、高安會戰尾聲——七十四軍編組「突擊部隊」進入敵後作戰，以牽制日軍主力的行動。

（一）民國二十九年二月間，軍工兵營參加作戰行列。那天清早全營集合，爲了「保密」，什麼也不宣布跟著走就是了。當天走了約五十公里的路。入夜之後，過了兩條大河（徒涉過去的）水深及腰部（是嚴冬呵）。又走了一夜，第二天天亮時進入山區，在一處有幾家店舖的地方大休息，停下來時弟兄們都在閉著眼睛了。連部買了一大鍋稀飯，喊人起來吃，只有很少的人坐起來……。可見人在既累又餓時，一般人是——先要睡覺的。

大休息後再往山裏走，不久來到「太平里」……日軍隨後跟來……。於是發生了戰鬥，我是第一次指揮一個排眞正實行了抗戰。然後掩護全連「轉進」，排實行「持久抵抗」，漸次脫離敵人，這些行動都是依據「步兵操典」和「陣中要務令」來做的。因爲我毫無實戰經驗，臨陣之時又沒有人指導我怎麼辦？而只得如此了。

（二）突擊部隊在安義停留了一個多月，已經是初夏了，奉命再進西山。於是發生了突擊隊以一個步兵營在白晝對「雙峰嶺」行眞面目的攻擊……傷亡慘重。工二連爲預備隊，位置距離工兵營長朱萬斛少校甚近。我看到攻擊部隊在向山頭仰攻，沒有地形地物可以利用遮蔽，又缺少支援壓制敵方機槍射擊的火力，「勇士們」暴露在日本兵的火力之下，向上爬進不行，向後退也不行，這種觸目驚心的場面令我驚訝！不覺失聲……而語「那有這樣攻擊的？」語音稍大，朱營長及那位「指揮官」都回頭看過來……。過了一段時間，營長命工二連轉移位置待命。……我眞不忍心看那個攻擊部隊是怎麼退下來的？

在那天下午，陸連長集合幹部轉達上級命令——「我們去破壞『望城崗橋』，由步兵團派出掩護兵力。」……這時我才發現那兩位「學長排長」怎麼沒看見？原來是在行軍再進西山時有病，隨營行李在後面跟進。

掩護工二連作業的步兵……到天黑也沒有見到，陸連長很生氣，決心不管他們，本連自己去幹。於是在「不合理的行動」之下折騰了一夜，什麼也沒有辦成！

又是另一天上午，陸連長帶我們到步兵團部附近借電話與我們營長連絡……。隨後他回頭對我說：「營長叫本連到他那去，陳排長你帶第三排先去，我辦完事就來。」

於是發生了朱營長派我帶一排人「去把雙峰嶺拿回來的事情」……。

一、參加「上高會戰」

民國三十年（一九四一年）三月底，工二連陸連長命我帶人立即到官橋去破壞橋樑；其後又命我守護上高浮橋；在戰況最激烈之夜命我帶本排改守上高公路橋橋頭堡；日軍似有撤退可能時，軍部對敵我狀況不明，陸連長轉達命令叫我帶一排人即向敵方搜索前進，看看我們步兵追到那裏去了？上高會戰的確是打了勝仗（我親自看到的）。但對協同作戰的工兵部隊來說，我有疑問！似乎是只有一個工二連，而且只有陳排長這一排人？不然的話，其他的工兵單位到哪裏去了？

二、參加「第二次長沙會戰」

民國三十年夏，軍工兵營改編爲團，下轄四個大連（人數增多），由後方調撥來一個要塞工兵連編爲第四連，我奉命調工四連任中尉排長。八月間的某天，連長劉占山少校對我說——「新任團長孫進賢上校，明天上午召見你。」次日早上我到團部去（心裏想不會叫我再去挖炸彈吧？）團長在見面時對我說：「你帶一排人押運新買來的工兵器材到達「株州」車站轉鐵運，在團主力行動的後一日出發；同時要照顧本單位軍眷二十多人的行動，因爲大家都相信你可以完成使命的。」我眞想不到這次不要我去強行破壞什麼或攻擊什麼山頭吧？因爲工四連既沒有槍也沒有炸藥，大可以放心就是了！

於是想不到的事情發生了——兩個完全不一樣的人，在株州火車站相碰上了……陳排長碰到了副官處長張某……他要賴說我打了他（這是很大的事情），害得我先到衡山去報告軍長王耀武將軍，結果受到訓示——「年輕人以後不要和人家鬧氣，回團去吧！」

三、參加「衢州會戰」

民國三十一年（一九四二年）四月一日，軍工兵團第四連首長異動：老連長劉占山少校調團部技正，連附張桂升任連長，我則調升本連上尉連附。

五月上旬，部隊奉命以鐵運往浙江參加會戰。事前連長轉告——「團長要求到上饒附近時，不准請假離隊。」所以只好「過家門不入了」。當七十四軍到達浙江境內改爲行軍集結時……，工兵團的「大行李」幾十付「擔子」被日本飛機發現，集中轟炸損失很大。我的一隻木製公文箱被炸毀了，裏面並沒有重要東西，放的僅是一些書本和日用品。其中有兩樣物品我還記得：一是軍校同學錄有兩寸多厚的大本子；另一件是很漂亮的「佩劍」，上面有「不成功便成仁」的誓言（既然被炸掉了，所以我沒有成功，但也沒有去成仁，而苟全性命與亂世了。）後來，大軍並未發動對日本鬼子的攻擊，衢州飛機場並未「做成」，而撤退了。據說是：國軍形成一個大口袋，開口是在衢州的西南，口袋底是在浙贛邊界上。守袋底的部隊並不是「精兵」……，日軍由南昌附近大批南下，已快要把「口袋底」戳破了，大軍的主要補給線完全被截斷時，極爲危險！於是放棄了「會戰在江山附近的計畫。」

陸軍第七十四軍乃是少數的「攻擊軍」之一，被急速調向湘鄂西北地區，以阻止日軍的「大攻勢」。我們便日以繼夜地行軍，「走回」到湖南衡山附近。

四、參加「鄂西會戰」

民國三十一年八月下旬，工兵團回到衡山原駐地附近時，又要改編了。由後方調撥來一個工兵營加入本團，這次軍工兵團的新編制是：兩個營六個工兵連。由原五十一師工兵營長趙峙山上校任工兵團長，隨即著手進行編成……郭家煒中校為第一營營長、李玉珍中校為第二營營長。關於各工兵連的番號：原工一連的番號與原工四連（前要塞連改編）對調；新調撥來的一個工兵營編為兩個連（即第五、六連）。我於九月下旬奉命由工四連上尉連附，調升新編成的陸軍第七十四軍工兵團第二營第六連上尉連長，須於十月一日到差。……我於十月一日接受這個連的人員情形：上尉連附吳昌源、中尉排長洪瑱、張存才，另由老工兵營調來中尉排長姜伯琴、准尉特務長王玉山，以及准尉排附三員。所接受的士兵有三十餘人，補給士謝勁、張希謀，文書士翁錫珊，以及司號長、炊事班長等，和軍馬一匹。上述各員工作情形很好，一二年之後，大都獲得晉升。

工六連編成不久，又獲得補充新兵三十多人，此時全連兵力不到編裝表的半數，武器裝備以及工具都缺少。但於民國三十二年（一九四三年）一月下旬，即奉命派往湖南株州火車站（鐵路交會點）擔任警戒任務……。到四月底，人員補充已近編制數，武器、裝備、工具的配發已大致達到一個野戰工兵連的需求。

五月上旬，工六連奉命前往「漆家河」擔任全軍渡河的任務（即參加「鄂西會戰」）。出乎意料的能及時使：全軍（直屬部隊及三個師）順利通過沅江主要支流的臨時浮橋而達成任務。

渡河任務接著來，五月中旬受命前進，行軍兩天到達石門縣對岸，執行大軍渡河任務，澧水在這裏的河面約有百多公尺寬。經先找到一條小船，派人先到石門縣城去搜索警戒。同時也派出人員在我岸搜索，有無任何可利用於渡河的工具與材料。一小時後搜索兵回報——在一公里外的支流河口附近停泊有大船十艘，上面載有人員，似由少數警衛護送。我乃帶兩個排前去查察……。我告訴船上人員——「是國軍工兵部隊奉命要在此處執行渡河任務……。」幾經交涉始得到他們勉強同意——借船裝運部隊過河，入夜即可歸還，船伕仍請幫忙，船上物品（據稱是政府公文）可留人看管。洽商妥當之後，乃依照「大部隊乘船規定程序處理」迅速準備。因爲船上有船主及船伕操作行動，本連只須派出連絡士兵在船上就可以了。分配任務：每排管理五條船，以兩個排行「漕渡」，預計十條船來回一次可運送一個步兵營以上，時間約需一個小時。……另一個排擔任「碼頭」的管理等。至於對空地的警戒則洽由渡河部隊自行擔任。對渡河部隊之連絡任務由連附帶需要人員與渡河部隊參謀協商……。就這樣，有秩序地進行工作，……到天黑之前，五十八師已經渡過澧水了。留下一個問題——師有一些馬匹無法上這些大帆船，則由師工兵自行設法找「渡船」載運了。我們遵守協商諾言，將十條大船監督回到小河口原泊地。並告知師連絡參謀——「另有任務，要立即行動歸建。」

事後感想：以一個新編成的工六連，並無渡河裝備，而要去擔任「大軍渡河任務」……這是很不「正常」的作法！好在還有「飛虎隊」很幫忙，趕跑了日本飛機……，否則，就很難順利達成任務了。

五、參加「常德會戰」

民國三十二年（一九四三年）九月下旬，工六連完成「太陽山施工任務」之後，旋即奉命配屬於五十七師。乃進入常德城，協助構築機槍掩體。接受任務後，與防禦部隊共同確定位置、射向……等。同時準備所需材料……缺少鋼筋……。又不能久等後方運來，怎麼辦？眞著急！等到要用「混凝土灌漿了」，說是「鋼筋還沒有消息」。乃建議使用常德郊外野生的小竹子，上面有很多節不易折斷，用它代替鋼筋，再用八號鐵絲來綑綁固定。事到臨頭不決定不行（可是誰也不願負責准許？事實上會戰完畢後鋼筋還沒有運到）本連長向師長說明之後，自己下決心——做。

十一月上旬，接到五十七師的命令——「師工兵連已歸建接替工六連任務，即日交替。工六連即刻至斗姆湖附近山麓設連陣地據守，以阻止桃常公路被敵利用運補。」

我交代任務清楚後，爲爭取時間，立即帶部隊沿公路向南行動。在距離常德城十餘公里處選到一個地方，後面有山地倚靠。前距公路三、四百公尺一側稍有「射界」的小高地，作爲連的「抗敵據點」。過了兩三天才知道，在本連的西北方有一個營據點，由五十一師派出一個營據守。

和我這裏相距也有十餘公里，無法構成通信連絡。我派人向桃園補給單位領到一個月的米、油、鹽，將連部勤務人員放在後面山窩裏，準備能夠自衛戰鬥。

十一月底，日軍攻擊常德，……十二月初，城內發生火光似已有巷戰。十二月四日之後槍聲稀少，判斷城內戰鬥中止……。十二月八日國軍包圍反攻常德，日軍倉促撤退。……戰鬥停止後，方知在我北方的步兵營早已撤走（事後因無令棄守陣地，被軍法審判——營長判處死刑。）

工六連在據點內停了好幾天，才接到工兵團命令——到城郊集結歸建，已是十二月底了。誰會想到——工六連是配屬五十七師構工的，怎麼會「變成」守「獨立」據點呢？不過，我早已習慣了守小據點，靠自己奮鬥的事情。

六、參加「衡陽會戰」

民國三十三年（一九四四年）七月下旬，在湖南武岡附近，接到工兵團趙團長命令——「工六連先行到達湘江邊，在衡陽南郊附近，偵察隱密渡河地點，並完成渡河準備工作。」連於八月六日黃昏前，選定使用橡皮舟漕渡，位置在湘江西岸的「車江附近」。距衡陽約有十八公里，河面寬約一百多公尺。我岸有掩蔽處所……。次日凌晨，我派軍官傳令回轉向團部報告（有書面附要圖）並擬引導車運橡皮舟前來。下午傳令軍官回連，持有團長手令——「立即向西後撤歸建」。解圍之戰成泡影，眞令人失望。七日深夜，工六連回歸第二營指揮，乃在楓樹山東側高地

——青山——祁東之西附近之線佔領警戒陣地。

八月十一日午間，受到日軍攻擊。第一營工二連與日軍對峙中，損傷不大。入夜後日軍轉向與工二連接近的工四連襲擊。只一陣槍聲便告靜寂，接著本連陣地較遠前方有馬鳴聲，（原來是日軍搜索部隊）未幾即向本連陣地前端接近……。我連在最近距離投出一群手榴彈，並以輕機槍行標定射擊，在暗淡月色中，隱約看到日軍向後撤走……。但似在前面不遠處……靠攏整頓……。午夜，營部傳令本連自警戒陣地後撤到營部附近。仍看到有燈光……我命部隊停下派出警戒兵。這時發現孫立田醫官和幾個看護兵正在為五六名傷兵上藥包紮。我問他：「營部其他的人呢？」他回答：「等會弄妥了，一起走再說。」隨後他告訴我：「稍前，營部的人還點著馬燈在處理事情，忽然間有一群穿草綠色衣服的人，端著槍向我們衝過來……幸虧老傳令班長眼快，大叫第四連的弟兄不要亂來！才止住這樣的事情。」

七、參加「湘西會戰」

民國三十四年（一九四五年）三月下旬，軍工兵團又改組，趙團長帶第二營到第四方面軍去編成特務團。原第一營則改為「七十四軍工兵營」，可是，我卻被留下來，在軍工兵營當副營長，到竹篙塘營部去，這是事前想不到的。軍人「奉命行動」，我已習慣成自然了。

新編的（其實是最老的）七十四軍工兵營長郭家煒中校在部隊中的聲望不錯，是位樸實的軍人，所轄的三個連中，其第一、二連我都服務過相當長的時間，只有第三連我比較生疏，所以我覺得留在軍裏也沒有什麼不好！

四月中（十六日？）敵情緊急，日軍將進犯桃花坪，軍集結其直屬部隊（如運輸團、搜索營、工兵營等）爲總預備隊，位置於竹篙塘附近。以運輸團長黃壽卿上校爲指揮官，設指揮所於公路旁小高地上。當日近黃昏之前有日本偵察機一架飛來低空盤旋，黃團長屹立不動。我代表工兵營長也站在其附近，敵機飛離後，黃團長提出問題來——「日本飛機爲什麼不掃射我們？而我根本就不躲開，爲什麼？」我們都在旁楞住了，他繼續自我解答——「因爲我的命苦得很，現在受罪尚未完，是不會死的！」他是在「自我調侃」也，亦言之有其哲理。

次日，軍工兵營部移到「洞口」（地名）旁邊，進入戰鬥位置，三個工兵連都各有任務派出去了。黃昏時竹篙塘附近傳來槍聲，立即要準備應戰。洞口兩側各有一小高地，營長和我各帶十多名業務士兵分守山頭，保住洞口。

五月八日，第四方面軍全面反攻，日軍不支遂潰敗……。此乃我個人參加抗日戰爭以來的眞正兩次勝利（前一次乃是「上高會戰」）在頭前幾天，新編第六軍已來到「江口」（地名）附近，隨之前來的有一個美援裝備的野戰醫院，可以就在戰場附近開設動大手術——救了許多重傷官兵的性命。在這之前，只要打傷在腹腔內時，後送距離太遠，延誤時間太長，幾乎都救活不成！當年抗戰軍人眞要有「犧牲」的精神才能支持下去。

八、民國三十四年（一九四五年）八月十四日，日本宣佈無條件向盟國投降

八年抗戰，我們獲得光榮的最後勝利！老兵不死？卻永生不忘。

第三篇　老兵夢摘星記

其記述要點為：

一、天人之際

從前寫稗官野史的小說家常會把天人相與之際的關係，寫在他的「演義」之中，以引起閱覽人的興趣和滿足其好奇心。例如在施耐庵的「水滸傳」中，首先就揭示出——三十六天罡星和七十二地煞星，化爲隨後陸續在梁山泊出現的一百零八條好漢，共同演出了一番令人驚訝的事蹟。在「大明英烈傳」中所說——明太祖取得天下後，……火燒功臣閣，使二十八員大將（乃是由二十八星宿轉生的）一起升天歸位的故事非常驚人，讀之者莫不感嘆不已。至於羅貫中在「三國演義」裏，所述「天人之際」的關係，則更爲生動——「某夜，當諸葛孔明先生仰觀天象時，忽有一明亮之星在成都北方天空迅速墜落，不覺驚呼「子龍休矣！」未幾，即有人來報「趙雲將軍病故」。後來孔明先生在戰地生了重病，醫藥罔效。發現他自己的那顆星黯淡無光，搖搖欲墜的樣子。於是，在五丈原上設立神壇，自行作法，祈求天祐。並嚴令守護四周的校尉不得讓任何人進入。卻不料，大將魏延硬是闖進來破了法力。孔明先生不禁長嘆一聲說——「此天命也！」接著他的「將星」在天空便掛不住而掉下來。

我想起了小時候會唱的「秋夕」歌——「……天階夜色涼如水，坐看牽牛織女星。」作者杜牧是唐代的大詩人，詩中涵意有一段「天人之際的愛情故事——也就是：董永與七仙女的戀愛傳說」。杜牧也把「天星人性化」了！

二、軍階識別

(一) 美國的軍階象徵性：(以陸軍軍官識別為例)

乃以一株大楓樹為主體，區別為：

以楓樹的主幹為基層幹部的代表——一條金黃色的長方形代表少尉；以銀白色長方形一條代表中尉；兩條代表上尉。

以楓葉代表中級幹部——一片金黃色楓葉代表少校；一片銀白色楓葉代表中校。

以銀白色老鷹代表上校。

以銀白色星星代表將軍：一顆銀星——准將，二顆銀星——少將，三顆銀星——中將，四顆銀星──上將，五顆銀星──元帥（上將）。

（二）中華民國的軍階象徵性：（以陸軍軍官識別爲例）

乃是以一株大的梅花樹爲主體，區別爲：

以梅花樹的主幹爲基層幹部的代表──一條金黃色的槓子代表少尉；兩條代表中尉；三條並列代表上尉。

一朵金黃色的梅花代表少校；兩朵代表中校；三朵則代表上校。

以金黃色的五角金星一顆代表少將；兩顆金星代表中將；三顆金星代表二級上將；四顆金星代表一級上將；五顆金星代表特級上將。

三、「摘星」的意義及條件

依照從前的傳說──當一個軍人身爲將軍時，那顆和你相應的天上將星便會閃耀出亮光來。同時在你負擔重任肩頭上顯現出那耀眼五角金星，以象徵「命運和高貴」，很容易爲一般人所接受認同。不論用那種說法來解釋「摘星」的意義，同樣的都是在認定這件事是不容易做到的（不過做夢時則例外）。也就是說──軍人要能升到將軍是要經過許多關卡的，諸如：學歷、經歷、考績、年資等。除上述種種條件之外，還要受到國軍將級員額規定的限制，和個人有無發展潛力的考量。

四、乃是千真萬確的事──「將軍難為」。

我在正文記述中，列舉出好幾個史實例證，如下：

（一）陸軍第七十四軍之五十七師於民國三十二年冬，防守常德城，有兩大問題可以檢討──其一，缺少城市戰鬥必需的近戰武器和消防、防毒裝備；其二，援軍行動緩慢，坐失解圍時機。

我當時任軍工兵團第六連連長（配屬於五十七師），奉五十七師余程萬師長命令，固守常德──桃園公路中間的一個「獨立據點」。乃是援軍反擊必經的前進路線──但我不曾見到任何一個友軍部隊通過這裏（這是事實）。

守城部隊經過十天的苦戰，在防守地區被壓縮，受傷士兵眾多（影響士氣）等不利條件之下，余程萬師長只有二選一的機會（甲案與常德城共同存亡作戰到底；乙案在最後還可向東渡河突圍時，帶領（含輕傷人員）餘眾趁敵意想不到之時，忽然由「魁星樓」狹小地區渡河突圍。）余將軍選擇了乙案。（層峰認為「不當」，但未聽聞對與「解圍」不力部隊長有何處理？）

在我當年的想像中──眞是難為了余程萬將軍！

（二）民國三十三年六至七月間，發生了「衡陽會戰」。陸軍第十軍軍長方先覺將軍率所部保衛衡陽，孤軍據守，抵抗日軍之陸空攻擊，持久四十多天。各方援軍多遲遲不前。七十四軍奉命由西向東攻擊，以解圍城之急。其先頭部隊軍工兵團第六連於八月六日到達湘江西岸「車江」附近，完成以橡皮舟漕渡步兵過河之準備工作。選定之渡河點距衡陽南郊僅十多公里，派出先行過河的斥候也搜索到附近並無日軍活動……。但等到預定步兵部隊行將渡河奇襲的時間，工六連卻奉命歸建，立即向西後撤……。連隨團行動至邵陽以東山地一帶，扼守要點，掩護本軍主力向湘西轉進。至此方知第十軍抵抗日軍之陸空攻擊，直到最後時刻……。不幸方先覺將軍及其殘部力竭被俘。……未幾，又聽說——方將軍在所屬之營救下，乘幾脫逃出險……，然仍受到「審問」。……於此，更可見「將軍之難爲」矣！

(三) 前述兩例乃是在戰時，一般人認爲率領野戰部隊從事激烈戰鬥，自然是「將軍難爲」了。於此再補述兩例以明——「後方不作戰的將軍也是很『難爲』的」：

其一，民國六十一年十一月二十四日，聯勤總部留守業務署長章國輔海軍少將，在其辦公室內以手槍自殺身亡。據說是(全案並未公布)——到任未久，沒有把以前的「例規」革除，或許是認爲「不要緊的小事情」，而且是早已行之有年了。竟然被上級監察官指爲「貪黷」。爭辯不能見信，憤而自殺。(按：一般人認爲章國輔將軍的品格是不錯的)

其二，民國六十二年二月十三日，聯勤總部測量署長周齊祁少將，因高速公路測量預算編列有問題(全案並未公布)，被調爲委員。自認申訴不被接納，受辱冤枉，精神失常，在家中以菜刀割頸自裁。(按：周署長服務成績卓著，自尊心甚強。)

五、將軍的候選與事實

（一）民國四十九年（一九六〇年）十二月，因爲參加「八七水災重建」兼任「工程組長」辛勞有功，晉升預備第一師副師長（少將編階），遂成爲「將軍候選人」。

民國五十一年初，再調陸軍第四十九師「輕裝師」任副師長。其後，據說——「將反攻大陸」，乃於民國五十三年七月（一九六四年）再次調任陸軍第十九師（重裝師）副師長，於馬祖擔任防務時（民國五十五年一月一日晉任陸軍少將——「有夢成眞」。

（二）民國五十六年六月中（一九六七年）調升陸軍第三十二師少將師長（未曾打仗的萬人敵），往金門到差，擔任金東地區的防守任務。九月十六日，所屬第九十六團「因功得禍」發生一名士兵暴行事件——「溪邊事件」。該團舉行慶功晚會邀請師長前往參加，因暴行在會場發生……，與會人員受驚奔逃，獨留師長在會場未走……。此際，讓我切身體會到「將軍難爲」，如果「有的話——我那顆在天空中的將星搖動了好幾下，幾乎掛不住了！」就是因爲我具有「喜好研究思索問題的習慣」，我站立在那裏獨自「想——這會是什麼事情？爲什麼？」……局外人卻以爲我是「久經戰場的老兵會沈得住氣呢！」事後方知，乃是由於連隊對士兵「照顧不周」而出了問題。照習慣，營、團、師長應受「連帶責任」處分。

（三）成爲中將候選人。民國五十八年六月十六日（一九六九年），奉命調升工兵署長（中將編階）並規定立即到差（可見長官們關切工兵署之狀況）。

就職後，先求了解主要情形……。進入狀況之後就到總長辦公室接受指示……。並向高煜公申訴姚毅副署長之委曲，請求飭回陸軍總部處理。

長官們的要求是改革工兵署的風氣（包括紀律和效率兩項）概括的說，工兵署應該重視：營產、工程、器材補給和裝備修護等。工作效率則應重視：分層負責、行政三聯制（計畫、執行、考核）。同時要砥礪人員品德，保持營區整齊清潔，以提高精神士氣。我在工兵署服務期間大致是著重上述諸事項。但是對於基地處四級廠的修護能力發揮，以及對下級各三級廠的工作指導等，用了較多的注意力和時間。

（四）忽然調到聯勤總部工程署。

民國六十年四月（一九七一年）奉命到聯勤接任工程署長。在命令到達的前一天，已有軍中袍澤向我建言——「那個單位有重大案子，你不能去！」……但是，我向誰報告——「我不願去呢？」

到職之後，我首先要了解那項重大工程易發生「弊端」，研究結果是：「神鷹計畫」（台東軍用機場）和「北定一號計劃」（陸軍總部遷建新營區）

我採取了如下措施：

基本原則有二——其一，工程必須按計畫完成；其二，嚴辦情節重大人員（不是一網打盡）

一般作法：

要求本署人員：不接受包商任何送禮、招待請客。

規定工地監工：不得由包商代辦伙食（搭伙），依規定使用合格材料，嚴禁偷工減料，明確登記施工進度……。

凡是發現有問題的地方……視察人員應查問明白或聯繫政戰處追查清楚。

向上級建議：其一，核定計畫預算要詳爲研究，俾能在招標時，以「合理價」爲決標原則；其二，凡有弊案發生時，不能僅查辦工程單位人員，包商亦應一併查糾。與使用單位共同協商施工監督了解進度。

民國六十年三月間，我堅辭連任工程署長的內在原因——其一，四年的「壓抑情緒」無法再行忍受了；其二，無言抗議——高層一直在把「騾子當馬騎」，不能稍爲了解高級幹部的「心聲」，參謀總長或部長以上層峰，從來沒有和我懇談過——認爲只要下命令便得去做（我實在是不適任聯勤工程署長的人選——我的自尊心使我不樂爲之！）

（五）民國六十三年九月間（一九七四年），調任「台東師管區司令」，自以爲負擔起台灣本島後背的「保衛」責任。隨後，於十二月三十日晉升授階爲陸軍中將（於民國六十三年元月一日起算）。

其後，兩年任滿，再連任一年，於民國六十六年（一九七七年）十二月二十一日調任軍管區副司令，爲中將一級職務（同副總司令待遇）主管軍事動員及後備軍人業務。民國六十九年春，召開軍事會議前兩天，官邸通知——「總統要聽軍事動員報告（在會議開幕當日）。汪敬煦總司令請我去，說——「……陳先生，請你報告」，我認爲——「從來沒有副主官上台去過！」汪想到——「總統或許會問到……答不出來怎麼辦？而且還有警備、治安要報告並答詢。」情非得已，我只得「受令了」因爲在「軍事會議中」，台下坐了數百位將軍（只有團長是上校），歷來開幕後先聽重要報告——分別由五位「次長」——聯參一、二、三、四、五，及五位總司令——陸、海、空、勤、警，分別報告所負責的任務情形，共爲十個人，每人可用時間二十多分鐘……。

我雖然再三推辭……，但礙於「命令」和人情，只得認了。時光那分長短！二十年與二十分鐘何異之有？一晃就過去了，但在我心中留下永久難忘的乃是——蔣經國總統對國家軍事動員效力的重要性，能夠深切認知！

民國六十九年五月一日，我年滿六十歲，依照限齡退休法令，我退伍爲備役將軍。……眞是「老兵不死！只是逐漸的離開而已。」

（六）雖然，「將軍難爲」，我在「反共抗俄、保衛台澎金馬」行列中，勉力而「爲」了十五年的將軍歲月。畢竟「星夢易醒」，也如淡雲輕煙似的「飄浮」過去了！

第四篇　老童生趕考記

其記述要點為：

一、命題意義—聯想似乎是「老童生」忙於應試。

自以爲從前讀了很多年的書，連一個「學位」都沒有，有如科舉時代，屢試不第的「老童生」，在半個多世紀之前——發生了「七七盧溝橋事變」，國家到了要犧牲的最後關頭，數十萬青年學子棄學從軍。「八年抗日戰爭」勝利，很多人想回去進大學讀書，卻因爲毛澤東的「造反有理」——推行「馬列主義社會革命」，和回家不成，讀書不成。來到台灣，參加「反共抗俄」，保衛台澎金馬，更是「有理」，也不能放棄「責任」，轉回學校讀書。一直等到退伍除役，才獲得「爲我」的自由，想再專心向學，已經是頭髮快白了！

民國七十二年（一九八三年）教育部頒布新規定——可比照大專同等學力，投考研究所碩士班。給我們這一群抗戰「勇士們」有了繼續學業的機會。於是在「機不可失」的原則下，我作了一次「試驗考試」，既毫無準備也摸不到方向，報名投考文化大學的大陸研究所碩士班。孩子陪我去報名和考試，旁人都覺得「好奇」。在考試中我認爲「試題不難」，都會解答，……且看結果如何？眞是意料不到的是出現在眼前，考試成績單上……只見三民主義一科就不到二十分，我不敢相信……戴上老花眼鏡再看……還是如此，我冷靜下來，反省一番……功課太生疏了……要找年輕人「請教」，研究「如何準備考試？」於是發生了一連串爲考試而奔忙的辛勞歷程：

（一）找在學的年輕人當「顧問」，如何選定投考目標——那個學校？什麼研究所？

（二）要看那些教材——某些研究所常用的「課本」，可到台北市重慶南路書局去找。

（三）多方去找「考古題」。

（四）準備功課、看書的方法。

（五）進考場答題的要領。

在經過了「高人指導」從事充分準備之後，於是在民國七十三年到七十六年之間，總共報考了九個研究所。回憶那四年之中，所做的事幾乎都是：買書、找資料、看書、找考試簡章、報名、看考場、去考試、考完之後……看成績、反省檢討、修正讀書計劃、再努力去做……。幾乎是：趕緊爭取時間、慌忙著準備考試和入場考試……歸結而言，就是趕忙著做一件「大」事，有關「考試」的事情。雖然似乎看起來很忙亂，讓晚輩看到「不忍心」。可是我還是「樂此不疲」，因爲我有「長期抗戰、獲得最後勝利的信心」。終於在民國七十六年，考進了國立政治大學法學院東亞研究所碩士班。我在安心讀書之餘，想到把這一段經過寫出來，題名爲「老童生趕考記」。不過當時僅是一個「念頭」而已，並未動筆去寫。……後來，我又考上了本所的博士班，在經過了四年多的努力苦讀，又通過了許多班內的考試，才得到一紙「博士證書」——拿起來似乎很輕鬆！很多人說我「有志竟成」，其實不盡然如此。可是，我確定了——要把「老童生趕考記」寫出來，並且把它放在我的「回顧」集裏。

二、發表目的—有如下的幾種想法：

其一，想讓青少年學子們知道，切勿自恃聰明而好逸貪玩，好高騖遠。要想得到知識學問，應該持之以恆，用功讀書。

其二，想讓奮鬥半生，事業稍有成就，而考慮到規劃退休生涯的人們，何不於退休之後，再接續讀書研究的前緣。因爲好學而有恆的人足以安身立命。

其三。想讓主持教育大政決策的諸公，經常執行考選人才的教授老師們，多少知道些考試的其他有關情形。

其四，讓「望子成龍」的家長們，不要期望孩子們「少有大志」，立志「賺大錢、做大官」——這種人一旦「有志竟成」了，就會害人不淺！

小結：鼓勵青少年做好學生，努力讀書；做好國民，奉公守法。這樣就大家平安了。

第一篇　離家鄉從軍記

第一篇　離家鄉從軍記

壹、承先啟後——家、鄉土、啟蒙與求學

一、到家了——「耕讀傳家」

「汪汪」的大狗叫聲把我驚醒，是坐在「轎子」裏，緊靠在母親身旁，她把我抱起來。跟著人走進一個大屋，只覺得很黑暗，糊裏糊塗的摟著他。過了一會兒，身邊聽到說「醒醒……到家了」。我已是站在地上，睜開眼睛覺得有光亮。聽到大人們的說話聲音，在我前面有張高大的黑圓桌擋著。我走近去，踮起腳來。從發亮的桌面上看過去，那邊坐著一位老阿公（是祖父玉卿公），父親正在和他說話，後面還有幾個大人……。這時候我才注意到桌面上放著一個有蓋子的小圓碗（泡茶用的），又擺著比小碗高一些的兩疊銀元，我不知道到底是什麼事？當退回到母親身邊時，我又糊裏糊塗地睡著了！

過了兩三天，小姐姐們來邀我出去玩，得到母親的「答應」，我就跟在她們後面走。但經過大門口時，那條大黑狗向我走來，我有點緊張，牠停下來聞聞我就走開了。領頭的姐姐站在門外，叫我回頭看看，說「要認清我們家的大門，上面有四個大字——耕讀傳家，兩邊大門上有門神一個白臉的，一個黑臉的。」

順著大路走出村莊，就看到一大片高高低低的青草地（是馬鞭草）好稀奇是我第一次看到。再往前走不多遠，就聞到一陣陣有些甜甜的香味，抬頭望，到處都開遍了金黃色的花，怎麼會有這樣多的黃花？我楞住了！有個姐姐拉著我向前走不多遠就停下來。在大路的左邊，有一大片不一樣的花。我不知道那叫什麼顏色？帶頭的姐姐大聲說「下去，摘草紫花作花球玩」，我在遲疑著，因為沒有踩過田裏的土，又怕踩壞了那可愛的小花。身邊的姐姐推著我說：「下去，不要緊，這是我們家裏的『大坵田』，草紫花是用來肥田的，碰壞了也不要緊的！」在田裏玩了很久，她們幫我紮成一個花球，帶回家去。

二、草紫花生長在「大坵田」裏

在一個小平原中（盆地），遍地都是金黃色的油菜花，只有「大坵田」是一片紫色襯托在綠色的、濃密的、小小的葉子上面，清風吹過好像是綠色的水波在蕩漾，這般情景竟令我留下很深刻的……印象，很久、很久沒有淡忘！我回憶和概念有些是值得一提的：

（一）「大坵田」有多大？

他是一塊方形的水田，中間沒有田埂的。大路緊靠著他的北邊和西邊，小路（可以說是田埂）則是他南邊和東邊的界限。每邊的長度在我的印象中似有四五十步，的確是比附近的其他水田都大得多。

（二）它爲什麼要種「草紫花」？

絕不是爲了給我們家裏的小孩子可以做「草紫花球」玩的，因爲它還會生長別的東西。好像每年冬天讓土地稍微休息一下，春天種草紫花（沒有收成的），夏天種「禾」，可以收稻穀，秋天種「豆角」，可以收黃豆。爲什麼「大坵田」，不種別的花？例如：桃花、李花、杏花、梅花，因爲那些花是要種在沙土旱地上的。每年只種一次「草紫花」，是很重要的。那時候農村沒有「化學肥料」可用，只有自力生產的「堆肥」（主要是將不能吃用的菜根、菜葉和下水道的污水倒在一個池子裏，過了一段時間便成了「堆肥」，可以放到田圃中有肥田的效果。）而種「草紫花」乃是一種「青肥」，耕田的時候就把它和在泥土中可以有肥料的作用。「大坵田」太大了需要肥料很多，只有犧牲一次收成改種「草紫花」，而以「青肥」代替之。

（三）「大坵田」比旁邊的水田較低引進水方便。

平常時間，老天下不大不小的雨時，地面上的水多會流入「大坵田」裏，當很多天不下雨而田裏又很要有水時，可以用「牛車水」的設備來把西邊很近小河中的水引入「大坵田」中，所費功夫較少，而得水較快。這塊田的四邊和中間有數條小水溝，可以留存一些水，有許多小魚會活在水溝中，夏秋天還時常可以看到蝌蚪在溝內活動。當割完稻禾之後，田裡會有很多大青蛙跳來跳去，拿一個蝦蟆燈（風吹不熄亮光的），帶一把鐵麻鉗去到田裏，青蛙一看到燈光，就會瞪著大眼睛在那裏不動，只要用麻鉗夾起往竹簍裏放就可以了。不過有時候也會把蛇引過來，還得帶一根小竹棍子小心防備，所以做這種事，應該有兩個人結伴同行才比較安全。深秋「大坵田」裏的豆角成熟，豆箕很高，豆夾飽滿。大人們去收成——割豆箕，男孩忙著送茶水、飯菜，有空時還可以撿拾「漏割」的豆箕，摘下上面的豆夾（曬乾後可剝出內中的黃豆，用鹽水拌勻炒來吃著玩）算是勤快小孩的犒賞。冬天到了，有一段時間田裏要休息（空著）。小孩子們可以到「大坵田」裏去挖泥鰍，只要挖下去四五寸深（要小心挖）便會看到很胖很圓、正在睡覺的大泥鰍，很容易就把牠捉住放進竹簍子裏。不過，挖掘半乾帶濕的黑土很吃力，而且一不小心會把泥鰍挖成兩段（很難看），沒有捉青蛙好玩。

（四）「大坵田」後記

1. 故鄉老家——皀頭、毛埂一帶，在我的回憶中，並不曾有過水、旱成災的情形，尤其是在大坵田附近的農田。每當「裏山（南方霍山等）」下大雨稍久時，在皀頭街東、西邊的小河也會漲水，黃色的大水會漲到大坵田這邊來，淹沒了很多水田，直到距離我們家大門外只有一兩百步的大路口那裏。可是，每次不到一天，黃色的水就會退回河裏流走。而大坵田裏還會留下一些半大不小的魚，好讓小孩子們去捉著玩。如果老天很久不肯下雨，田裏又急著要用水時，大坵田靠近小河邊，似乎從來沒有乾涸過，何況我們還有「牛車水」和四人踩踏水車可以吸取小河裏的水灌到田裏來，還可以用「手車水」把大坵田裏的水轉送到附近的田裏，此可見「大坵田」是一處很可愛的水田。

2.祖父玉卿公去世後——「大家庭」由祖母方氏管理。不久，就常會聽到吵架的聲音，這在以前是少有的事。祖父生前治家很嚴，沒有人敢「公然相罵」。其後，問題出在「耕讀傳家」方面：大伯父讀過「四書」承繼「士紳」問事的任務，不下田作粗活，一房六、七個人只吃「大鍋飯」，閒著不做事；二伯父一房人的情形也和大房差不多，可是卻不耕不讀；四伯父讀過舊制中學，擔任大家庭中「記帳」工作……。六叔和七叔不喜歡讀書，於是學習耕作和長工（大領、二領等）一起下田；我是屬於第五房，父親於舊制中學畢業後，進入雲南講武堂，後來參加國民革命軍第六軍北伐，異母兄也開始到外地求學，在家裏無人出力種田。於是在大家庭中出現了「不公平的現象」——讀者不耕，而耕者不能讀書，很自然的會「不平則鳴（爭論）」。時日稍久，大家庭「失控」，隨之而來的就是「分家」。我代表第五房參加「分配祖產的抽籤」。……但是我在城裏實驗小學六年級讀書，對於大人們的鬧分家，覺得很「難受」。關於分得祖先遺產在那時候沒有什麼概念，過了一段時間，我才知道原來竟然抽到了「大坵田」！我是非常喜歡它，但是從來沒有把它當作「財產」看待。

3.我在外地讀中學，難得回家一趟。後來參加抗日作戰，一晃八年，緊接著便是捲進意想不到的內戰。直到民國三十七年春，考上陸軍大學，在入校之前有一點時間，可以偕同結婚不久的毛雨玫夫人回到上饒省親。一別十多年的家鄉在人事和環境都有不少變遷，讓我最感慨的是：

（1）大門口的變化很顯著——門楣上方橫寫的四個大字「耕讀傳家」已經脫落了多處；把門的兩位門神「神荼和鬱壘」沒有了；也看不到搖尾巴的大黑狗，走進去更覺得「過分的清靜」。

（2）我急忙地回頭，沿著大路去看「大坵田」。想像中長滿了「草紫花」——紫色的朵朵可愛的小花，在眼前竟然變成了一片黃色的油菜花（佃農不樂意種植見不到收成的「青肥草紫花」）。使我想到祖先們期望：後代的子孫能夠讀書知禮，耕種田園，自食其力，平安度日。但在亂世是不容易實現的，百餘年來，中國及其鄰近地區的史實可以證明之。

4.歷史性的悲劇如洪流沖激，微弱的人類無可抵擋。由於政治因素的阻擾，歷年來使處在天涯海角的炎黃子孫從「等是有家歸不得」，漸次變成了「無家可歸」。然而西望山河依舊，鄉土猶在，重返故鄉的情緒起伏不能平靜。

民國八十五年春，幸得上饒旅台同鄉會會長鄭伯誠先生慨允相偕同行返鄉。並於行前請上饒台聯會長董康樹先生關照簡化一切行動過程，主要事項爲：（1）祭拜親長墳墓；（2）問候故里親屬；（3）親訪當年「啓蒙學堂」。

由台北搭乘飛機經香港換機到杭州，再坐火車往上饒，於清明節前一日下午到達。見到台聯會長董康樹先生、對台辦科長馮家旺先生，及養浩、巧月等。住市招待所（原文廟及六中實小校址，拆建），經商定明日（清明）的行程。

次日，早餐後，乘車經皀頭街附近到方村（距毛埂老家約三、四公里之處）。下車後，養浩帶路，只走了幾步來到一處房屋土牆的旁邊，有一堆黃土……那就是母親的墓地。我跪下去磕了三個頭，就伏在地上。……有人把我扶起來，……乃向墳墓土地屋主當面道謝。隨後，我叫養浩持人民幣兩千元代送給她們。

回老家（毛埂）時，首先是看不到「大坵田」了，更看不到令我念念難忘的「草紫花」。「耕讀傳家」的大門不見了，走進我曾住過的「大廳後背間」已無屋頂，牆已倒了一邊，後面的兩棵大桂花樹（一黃色花、另一帶紅色花）只留下兩個大樹根（直徑有兩尺多），幾乎一切都變了。走到陳家祠堂，屋瓦很稀漏下了許多日光，正面的祖宗牌位空空的——這種景象想必是「紅衛兵」的傑作。再走到後面河岸邊看看，眞令我觸目驚心，河底沒有一點水，一個個大石頭在陽光曬照下，呈現很難看的慘白色，在兩三百公尺遠處的「潘家」，似乎已大半倒毀了，那裏是我小時候常去挖大竹筍和吃「莧菜桃」的地方，不敢再想下去！已無心意到別的地方去看了。

三、啓蒙讀書、田野玩伴

（一）揹書包上學堂去

1. 最早的皀頭街小學——設在萬壽宮，就在那年「割禾」之後的一個晚上，母親對我說：「已經替你做好「書包」、新衣服、新鞋子、小雨傘……，明天帶你到皀頭街學堂去讀書。第二天早上，她們果然領著我走過大坵田、牛車水、大石板橋、耶穌教堂、橫街，再走過一個小石拱橋，來到一處大廟——萬壽宮，從旁邊的門走進去。見到一位管廟的阿媽，我向他鞠躬，母親要我稱她爲「帽茶姆（Mao Dey Mu）」，把我的「報名單」請他交給老師，再三拜託，……然後回家去。

2. 我們的老師潘輝楷先生，管小孩子很嚴格，我沒見到他笑過，師生關係有如「小老鼠和大貓在一起」。講堂就在大殿裏，正中間神位上高坐著的是「李老眞君」，白面長鬚像一位受尊敬的爺爺，小孩子們都很信賴祂的保佑。在祂的前面擺了幾十張小書桌和小凳子，是學生們的座位。面向大殿（其實不很大）的右側，老師的大桌子居高臨下地擺在我們的前面，桌子上放著老師的茶杯、一根長教鞭、一塊「驚堂木」、一塊打手心用的黑色小厚木板、還有兩塊短一點的黃色木版（一大一小）——大黃板是拿著到後邊園子裏上「大號的」，小黃板是拿著去上「小號的」。所有一切規定，只要經過老師宣布，就得遵守。

3. 萬壽宮不用「時鐘」——大概是上午八點多開始上課，中午十一點多下課，下午一點多上課，四點多下課，中間沒有休息。上午是老師講書、寫字、讀書爲主，下午是背書、默讀爲主。逢節、過年、廟會、農忙時都放假（沒有什麼星期天、寒暑假）。全校只有一位老師，我們好像是第一屆，……講堂裏沒有黑板，茶水由管廟李阿媽那邊供給（上午和下午上課時，是不能去喝茶的），講堂裏不准亂丢東西，更不准到處亂畫。

4. 我的第一本書是「三字經」——薄薄的小本子，拿在手上很輕，可是讓我很高興——它是一本給你「常識」的書，也告訴你「爲人處世的基本原則」。我現在手邊還有一本「三字經讀本」，是台南民國八十三年出版的綜合本，有白話注釋，印刷也很清楚。我很「信奉」最後的四句話——勤有功，戲無益，戒之哉，宜勉之。

5.學寫字用毛筆「描紅」——乃是在小張的白紙上面，印刷就朱紅色，兩公分見方大小的正楷文字，小學童用毛筆沾墨汁去把紅字描寫成黑色，每天要交一張，寫的時候，老師會告訴學生「描成黑色」的先後筆劃次序。紅色的內容一般有兩種：其一：上大人孔乙己，化三千七十士，爾小生八九子，佳作仁可知禮也。其二：一去二三里，煙村四五家，樓台六七座，八九十枝花。

6.賞罰公平、琢玉成器。潘老師教管勤嚴，每天上午讀書之後，還要對學生逐一詢問，考察其是否了解？「背書」是考察昨日所學，也是逐一到他講桌前，背向老師一句一句的高聲背誦，背完之後檢討，錯或漏一字，用紫黑色木板打手心一下，背錯多了罰跪著讀書然後再背，打手心時，手要伸直不准退縮，通常只要打三四下，小手就要變紅了，有的同學也就順便練習「鐵掌功」，打個十幾下（後來）都不紅不痛。有一次前晚沒有背書給母親聽（平常每天晚上母親在床邊「織厤」，我在床上背書，背到一字不錯才會睡覺，只有那次例外，有親戚來住，母親陪他們談天沒有「織厤」，我也沒有讀書，上床就睡著了。第二天到學堂趕快讀、背，可是走到老師桌旁，心虛緊張，結果背錯了兩個字，沒話說，伸直手接受了兩板子，手心發紅變熱（這是第一次——也是最後一次）。

至於「描紅」是在學堂裏做，沒有人敢不完成。有一次母親檢查我的書包，發現我的毛筆放入銅筆套中不小心有一部分露出（倒著）在銅套之外，她生氣地說：「你用這樣像掃把的筆，怪不得寫字同掃地一樣，寫不好！」……我一直注意到「練字」，可是七十多年下來還是寫不好字，奈何！

還記得有一天中午吃過飯後，有「領頭」的同學邀人到廟旁小溪裏去玩水，有七八個人同意去（其中有我），在河水中玩得高興忘記了回學校。忽然發現潘老師來到岸邊……他一言不發，把我們脫下的衣褲拿走。我們不敢猶豫，只得光著屁股跑回學校，好在這一段路是在街外。回到廟裏大殿外，各人找到自己的衣褲後，潘老師一聲令下……，學生們就跪在大殿門口——都沒有鐘錶，不知道跪了多久，只是被老師喊起來的時候，都無法走路……。家長們知道這件事，都稱讚潘老師管得好（當年常淹死玩水的小孩——大人不懂得急救方法，也無醫院可送！）

由於家長同老師的觀念一致，所以教出來的孩子都會是乖乖的。若干年之後，也沒有聽說那時的同學們會有不務正業、爲非作歹的。不過像我這般年紀的男生，活到二十歲左右時正好遇到「大時代——愛國第一」，抵抗日本帝國主義，各軍政學校大量招收學生、各地方政府普遍徵兵，再加上後來大量的抗日義勇軍和游擊隊。結果，我們這批大時代青年的平均壽命都不長，能活到老的不多——印證了范仲淹的豪語「士當先天下之憂（苦）而憂（苦）……」在青壯年時期營養不良、工作辛勞，醫療條件缺乏，多少是聽天由命才活下來。

（二）和我一起玩的人

1.令我難忘的兩家人：如前所述，管廟的「帽茶姆」有兩個男孩，大的叫李芳園像書生很文靜；幫著做很多廟中的事情，小的叫李芳洲曬得比較黑，比我大五、六歲，我很佩服他捕魚的本事（他會好幾種方法：用「竹封」安置在小河裏待魚自己游進去就走不出來，在河邊水洞裏摸魚，到石橋墩夾縫中引黃鱔出來而捉住它，用各種小手網撈魚，坐在陰涼的樹下釣魚）我認識他之後學會了他的一些本事。我很喜歡接近「帽茶姆」，因爲她有的時候會留我吃中飯，炒的菜眞好吃——譬如：粉皮炒黃鱔（芳洲捉的），大蒜苗炒牛熟（雜碎筋肉），煎小魚（芳洲捉的）。在我的記憶中認爲她是最會炒小菜的阿姆。

另外有一家人，是住在隔一條「後面河」叫塘底村的兩位高舅舅。母親每個月都會去一趟，有機會我就要跟著走。他們是住在一個大房子裏的，大舅有兩個孩子：叫娜倪（男生）和茶花。二舅也有兩個孩子，叫小小（鄉音「衰衰」是男生），另外一個女生叫桂花。四個孩子都比我要大些，平常都要做些事，只有「衰衰」會帶我玩——摘桃子、挖冬筍、……我很佩服他，會捉魚、潛水、撐船。兩個姐姐長得很白淨，要做家事很忙（那時的小女生是不准跟小男生玩的）。春天我去他們家裏可以搬兩三個大竹筍回家；夏天和秋天可以吃最好的「莧菜桃」——尤其是坐在桃樹上吃最紅的桃子很快樂，以及吃「桃花魚」——一種小而鮮似乎沒有刺的魚。冬天去到可以挖冬筍（它是長在地表面下的）。在地上只有一條小裂縫，它就躲在那下面一點點。有一次，大舅笑著對我說：「茶花和桂花都很乖，會做事，你可以挑一個做老婆！」當時，我想如果是兩個大春筍我會很高興，馬上挑一個帶回家去，我怎麼能帶一個長得比我還高的小姐姐回家呢？我不知如何說？楞住了。我很喜歡塘底高舅舅一家人，因爲他（她）們對母親和我都很好（友善）。過了很久……，民國三十七年春天，我和雨玫一同回到老家，到皀頭街去問候「帽茶姆」，令我驚喜的是看到——茶花姐做了李芳園的太太，她的確是很美麗善良的。李阿媽（帽茶姆）和高大舅兩家人，竟然會結爲姻親——令我「感謝上天照顧好人！」

2.老六叔（陳秀鈿）是帶我出去玩的年紀較大的人，他在農田工作有空的時候，而我又正好沒有上學堂的日子，叫我同他一起出去玩。春夏之交，池塘裏的蝦蟆又大又肥，又貪吃，只要是在他附近能跳動的蟲類，它不管是什麼東西，跳過去張大嘴巴就吞食下去，一點也不猶豫。會釣蝦蟆的人就利用它這種天生的貪吃本性，很容易把它捉到。使用的工具很簡單，一根竹竿和有韌性的粗麻線——用一團蚯蚓作誘餌（不需用釣魚鉤）；一個大小適合手力的竹魚簍，開口向上，以一個圓筒形的繩網，一邊繫在圓形的鐵圈上，圈的外邊設有一個鐵把手（外裝護木）以便用一隻手可以握住，網的另一邊則連接在竹簍圓形的開口上。垂釣時，看到蝦蟆一口把餌吃吞下去，即可把釣竿提起，使被釣著的蝦蟆對準另一隻手提著的竹簍上的圓鐵圈（相距一兩公尺左右），此時釣線是垂直的，大約經過分把鐘，懸空掛著的蝦蟆便會跌落到（穿過圓鐵圈、繩網圈）竹簍裏去，而跳不出來了。這種功夫稍爲練習就會運用。

（按：蝦蟆會吃害蟲，農村婦女多不願煮食之。且它的天敵較少，一般只有蛇類，還有就是會吃蝌蚪的鴨子和某些魚類。以前農田沒有用殺蟲劑和化學肥料，所以蛙類繁殖多得很，而蝦蟆僅是其中的一種。夏季夜晚在池塘、水田中到處可聽到「蛙鼓齊鳴」。蛙類怕水旱天災，漲大水時池塘水田中清水變混濁，或乾旱日久到處無水，蛙類就難以生存。聯想到由於「人禍」而產生的「天災」，不但是蛙類活不成，甚至連人類——不分善惡，也多會受到摧殘……）

當春季農忙時期過了之後，老六叔又會施展他的「本事」讓小孩子們「佩服」他，那就是用土法製造的「鳥槍」出去「打獵」。在我記憶中的「鳥槍」是這樣的：主要部分是一隻鐵槍管，大約長三尺多，口徑約爲直徑三分之一寸，後面是封閉的圓筒形，側面開了一個小孔（用以塞入「引火線」，旁邊裝置有「點火繩」夾子，連接到下面板機，護木是一頭彎的把手，槍管與護木槽是用桃樹皮做成的圓圈數個緊套著的，從槍管先倒進黑色火藥，再加入細鐵子，把引火繩放到板機上面鐵夾中，便完成了射擊準備，有效打到距離大約有四丈之遠，發現目標時用右手握住彎槍把，靠近面頰，眼光順著槍管上面對著目標再扣板機立即發射，因爲射出的細鐵子是一片散開的很容易收到擊中的效果。打獵的目標通常是：斑鳩（即鶌鳩，小孩子叫他做「古鴣」）和野雞。偶爾也會去打雁鵝和大水鴨——那是老六叔和育池公一起去的，他們是不肯帶我去礙事的。

夏天的黃昏前，老六叔多半會叫我一同到「大坵田」路邊的小河裏去「洗浴」——家中用的清水是由「長工」到前屋水井中去挑回來的很辛苦，我也很高興去（母親同意的），因爲我可以順便「使用」從李芳洲學到的一些捉魚方法去實驗一番。

我問老六叔，種田人什麼事最累？他回答「車水」，所以水利非常重要。他轉過來對我說：「你要好好讀書才對，用不著在家裏種田。」

3.老小叔（小——鄉音讀如衰）他是池公、池媽最小的兒子，比我大三歲他沒有去學堂，要幫著家裏做很多事，所以只能和我玩「拾石子」（石子約爲一公分半大小，其玩法有拾五子、拾七子等……）工具簡單，到河邊去找適用的石子多得很，方法和過程也不複雜，通常用右手去玩的。從前蘇杭一帶小孩子玩此種遊戲時，找又光又適用的小石子不容易，乃做成小布袋、內裝沙子（縫妥開口的一邊）以代替石子，可以在不大的空間地面上玩——可以比賽誰的手指靈活而聽從頭腦指示，也可分輸贏勝負的。有時候也會發生問題，沒有第三者作公證人，只會各說各理，相互爭論，吵累了也就算了。我和老小叔是眞有感情的……。民國三十七年春天，在上饒市見到面（大家都結婚了）很難得也很高興，他請我和雨玫吃飯……最後，他建議——叫我不要再離家外出了，在他們的大油行裏幫忙，每年只要押船到九江兩次，就足夠全家人吃用，而且能孝順母親了。他是眞心誠意的，令我感動，由於承諾信用關係，我不能不離開家鄉！轉眼半個世紀，當民國八十五年我再回故鄉去找親長墳墓時。老小叔等人都不在世上了！想起詩聖杜甫於唐代安史之亂中，別離故土二十多年再歸還時，即有——「訪舊半爲鬼，驚呼熱中腸。……明日隔山岳，世事兩茫茫」之語（載於：贈衛八處士詩中）。我則於半個世紀之後，方得回到上饒時，先有「近鄉情怯」之慮；到達後幾已舉目無親，境遇全非……。匆匆數日又須返台，能不感慨飄泊浮生，似幻如夢，人海茫茫何處身安！

4.冬德子（鄉音：Dong Des Jea）是我老家的「牧童哥」，他的特長是：會哄牛和哄小孩，他比我大五、六歲，人長得蠻秀氣，像個好少年（其實在當時也是「孩子」）。他的主要工作爲養活那條黃牛以及和牛一起做該做的工作（犁田除外，因爲他還拿不動那個「犁」）——我認爲他能做的事，我也會做，可是家中大人不肯讓我「代勞」，因爲我的主要工作是讀書。

（1）他哄牛的本事：老家那條大黃牛牯被養得眞是「大」，背脊上可放四個大碗不會掉下來，而且身上的黃色短毛還會發亮。牠很有力氣，在大坵田裏拖大犁好像不費事。在「牛車水」

轉圈很久不會累。……可是牠很乖在嫩草地上打一個小木樁綁著一根「牽牛繩」牠就在那裏慢慢的吃草，讓小孩子們在旁邊玩，直到把那一大圓圈的草吃完，他才伏在地上慢慢地咀嚼，表示已吃草很多了，小孩子也玩夠了。黃牛不喜歡泡在水裏洗浴，也不喜歡臥在潮濕的地上面，所以牛欄要有一塊地面稍微高些，並且時常打掃乾淨，也要放些禾草在地上，牠伏臥在上面。通常牛欄中做有半人高的橫木，便於掛上清潔的好草給牛慢慢的「享受」。夏季黃昏時要在牛欄房間熏草以趕走蚊子，入夜前還得提大桶滲有米湯的水，讓牠「牛飲」一番。以上這些事牧童哥都做得很認眞，哄得黃牛牯舒舒服服的。

（2）「冬德子」另外一個「專長」就是會哄小孩子。那個時候他選的主要對象是我，因爲他瞭解我當時的想法（希望）：我除了讀書之外，喜歡捉蟋蟀、養鳥、捉魚……，他偶爾會送我一個用大毛竹做的蟋蟀籠，也曾經送我一隻還沒有長好羽毛的八哥小鳥，也幫助我爬上黃牛牯的背上（騎牛是很新鮮的事），不過褲子會很髒還會有牛氣味。我爲他服務的項目有兩項：其一是當在野外放牛吃草的時候他要回家一趟，我就替代看住牛，好在黃牛牯和我相熟從來沒有給我難題做。有時在大坵田旁邊用牛車水的時候遇到我就會要我代替跟著牛尾巴轉圈，他就到大柳樹蔭下躺著，瞇著眼睛很舒服的樣子。……我覺得和他在一起很快樂，從來不會吵架。……民國八十五年春回到上饒的時候，有一位老太太（不太老），來見我說：「他是冬德子的老婆，老公到外埠去了，一時不能回來！」我在驚喜之餘，也非常感嘆——相識何日重相逢！

四、小、中學階段未能安定讀書

人之一生，在青少年時期接受正常教育乃是很重要的，可是遊玩也很需要，可以養成個人的健全人格和充實允當的常識。我在小學階段，跟隨家長居住和遷移，多次轉換學校，不能安定求學，就在中學階段也換了四個學校。

（一）我曾經上過的小學和中學，前後有：上饒南鄉皂頭街小學，蘇州私立翠英中學附設小學，江蘇吳縣縣立平直小學（在蘇州），江西省立第六中學實驗小學（在上饒城內），上海市私立中國中學，河南省立淮陽中學（原名第三中學在淮陽城內），南京市立第一中學（在南京市內），江蘇省立徐州中學——借讀（設於徐州市內）。

（二）六十多年以前的老師和同學：

1. 難忘記的老師：潘輝楷老師、潘澤民老師、程秉全老師、葉秀峰老師、徐明德老師、陶朗齋老師、李琳老師、尚天培老師、施中丞老師、陸少芬老師、嚴立揚老師。

2. 能記住的同學：王正杰、周中憲、周中漢、黃杏源、邱祿喜、李雲仙、羅兆端、余善珍、余美仙、王夢香、酆鴻興、程秋芳、吳紹燧、吳昌源、趙毓芬、侯家偉、郲喜、馬良、龍士俊、柏世藩、欽璧。

五、本節小結：

使用萬餘字簡述個人在幼、少年間生活狀況，乃是依時光推移，順其自然地寫出。經再次審視思考後，認為尚具有「認眞」的涵義：其一、幼受訓勉遵守規範——啓蒙時期母親伴讀與日常生活悉心照顧和潘輝楷老師的認眞教學，有以致之；其二、田野生活身心強健——在「耕讀傳家」的原則下，農村小孩都要幫著做一些輕便的工作，有空的時候也可以自由的玩耍；其三、自我反省勤能補拙——小時候有兩件受挫折的事，讀初小時在南京考插班失敗（中大附小）因為不知道考什麼，也沒有事先看書。另外一次就是在蘇州教會小學（翠英小學）四年級兩門功課不及格（英文跟不上進度，「珠算」在黑板上掛著一個很大毛毛的算盤，上去當眾計算，心裏緊張，每次都弄錯，結果成績不及格）按規定要留級。遇到要搬家，換了個學校，卻上了五年級。後來，自己覺悟到是「偷懶，未用功的原因」。於是，從那以後不再以為「有點小聰明」，一學就會！就開始勤奮讀書，直到白髮……；其四、童子軍守則智仁勇——在民國二十年前後，小學自五年級開始，一直到初中三年畢業，都有「童子軍訓練」。在高中三年則有「軍事訓練」和「集訓三月」的規定。我在上饒實驗小學和淮陽初級中學的童子軍教育都很認眞實施，童子軍敬禮時，以右手大拇指和小指彎曲靠近手掌，伸直食指、中指、無名指，舉手接近帽沿——除了表示禮節之外，還代表守則「智仁勇」（另有一說代表眞善美）。這就與軍人武德「智仁勇信嚴」主要含意相似了。在高中和大學設有「軍事訓練」課目，我還參加過在南京的「集訓三月」，是到「軍校教導總隊」去「入伍」的，其嚴格程度幾乎與進軍校入伍相似——諸如步兵基本教練、射擊、單槓、木馬等完全一樣。當時結訓測試我曾被選為南京市十八名高中生軍訓代表之一，前往江西廬山

「傳習學舍」晉見蔣公委員長。（由於高中以上的普遍認眞實施軍訓，使具備軍人的基本條件，可見「早已決心準備對日抗戰工作了，並非等到張學良「西安事變」再被迫而下決心的——這是眞實的歷史。」

貳、從軍——投考進入中央軍校（陸軍官校前稱）第十五期

一、世界現代史所記載—東亞的災難起因於日本的侵略野心：

（一）馬關條約、樸資茅斯條約，及對德宣戰——搶佔青島，日本於一八九一年，擴展其在朝鮮勢力的行動，引發中日甲午戰爭並獲得勝利，在「馬關條約」中逼迫清廷割讓台灣、澎湖，以及鉅額賠款等。又在一九〇四年，爲爭奪中國東北領土，而發生「日俄戰爭」。日軍戰勝帝俄的海陸軍，俄軍經苦戰之後終於投降。俄國不得不承認失敗而於一九〇五年九月，雙方簽訂「樸資茅斯條約」，日本取得由俄國轉讓旅順、大連的租借權（向中國租借的），以及在中國東北的許

多特別權利。日本帝國主義者於十九世紀末、和二十世紀初，先後擊敗中、俄兩大帝國，遂成爲亞洲強國。第一次世界大戰期間（一九一四——一九一八年），日本帝國主義藉曾對德國宣戰之名（實際並未參與作戰），趁德軍已現敗象；而帝俄大軍瓦解退出戰爭（國內發生革命）的機會，派兵搶佔山東半島，並企圖接受德國在山東半島侵佔中國的利益。

（二）田中奏摺——征服世界：一九二七年七月，日本總理大臣田中義一奏請天皇批准之「田中奏摺」，其中有「……欲征服支那，必先征服滿蒙。欲征服世界，必先征服支那。倘支那被我征服，其他中亞細亞及印度、南洋等族，必敬畏而降服。……」由此可見其侵略野心已轉化成爲「國家政策」，而開始繼續實施中。

（三）利用經濟大恐慌加強侵略：一九二九年，世界性「經濟大恐慌」首先發生於美國。其原因爲股票市場的「操縱與信貸」，引起股票價格盲目上漲。終使股票市場「崩瀉」，導致金融危機，於是發生全面性的經濟恐慌。（見於王曾才教授，西洋現代史中，第二三五至二三八頁，東華書局，民國七十二年十月，四版）。但是各國解決經濟困難問題的方法不盡相同：美國一面追討其他國家所欠付的債款，同時不再向外輸出資本，縮小輸入市場等。而且自一九一八年第一次世界大戰結束後，即已傾向「孤立主義」以求自保。於是英國先實行節約計畫無效，黃金儲備大量向外流失，乃廢除「金本位制」，使英鎊（貨幣）貶值。因此許多國家亦隨之相繼廢金本位與貶值貨幣。遂波及歐洲工業生產量之急速降低，而失業人數則相對的增高。上述情形不久遂漫及全世界，其破壞力非常之大。因之嚴重影響到經濟自由主義的終結，並導致「信任危機」，使許多國家政府的權力獲得擴大以應付時艱。故學者亦有謂經濟大恐慌使左翼聲勢較前爲興起（如共產主義之蔓延），同時亦使極右翼者得以侵略他國發起戰爭，來解決經濟恐慌問題（多以反共爲藉口）。

（四）日本帝國主義——積極進犯中國：在前述國際情勢之下，日本帝國主義者更有「理由」執行其原有之侵略政策——向中國積極採取進犯行動。於是發生下列一連串重大事件：

1.「九一八事變」——侵占中國東北三省：民國二十年（一九三一年）九月十八日，日軍趁張學良所部東北軍主力進入華北，東三省空虛之際，發起軍事行動，先藉口我駐軍破壞南滿鐵路而攻擊瀋陽附近北大營守軍王鐵漢團曾奮勇抵抗，但奉命「不抵抗」而逐次撤離。其後，除馬占山部留下實施游擊戰外，正規東北軍的餘部完全撤入關內。上述日本關東軍在其司令本庄繁有計畫的侵略行動下，完全搶佔我東北三省土地，歷史上稱之爲「九一八事變」。

2.「一二八淞滬之戰」：民國二十一年一月中，日本外交人員藉口日僧天崎啓昇等五人「冬季修行」時，在上海「三友實業社」附近，被工人毆打，有三人傷重致死……。村井總領事向上海市政府提出無理要求，……取締抗日運動等。並限上海市長吳鐵城於二十八日下午六時前，要有滿意答覆。吳市長於所要求之時限前，對日方表示完全接受其要求。可是日本海軍部隊於二十八日晚十一時餘，竟向上海閘北的中國駐軍——第十九路軍發動攻擊。其後，日本數度增兵，我國亦增加抵抗力量，激戰到三月二日，國軍後撤調整防線。上海爲國際都市，情勢發展爲英美法意等國所關切。經英國海軍司令凱禮的熱心促成停戰開始談判，乃於五月五日在上海簽訂「中日上海停戰及日方撤軍協定」，日軍撤退到事變前原駐地，中國軍則留駐現地。在停戰期間，上海的日本文武官員集會慶祝日皇誕辰時，被韓國獨立黨員尹奉吉投進了一顆炸彈，炸死了「上海派遣軍」司令官白川義則大將，日本駐華公使重光葵炸斷了一條腿。

在此次戰役中，我方參戰部隊有：第十九路軍、第五軍、軍校教導總隊、稅警總團等，共約六個師兵力。作戰結束，共計陣亡四千零六十七人；負傷七千八百零三人；失蹤七百五十六人。上海市民死於戰事者約一萬多人；受傷者約有四千多人。房屋毀壞一萬六千餘戶；財物損失不計其數。日本則三度增兵，三易主將——野村吉三郎、植田謙吉、白川義則。（以上作戰經過及傷亡損失數字，係參考李雲漢中國近代史，及徐枕抗戰史話。）

雖然，一二八淞滬之戰，我國蒙受很大損失，但日本帝國主義者亦一無所得，而備受國際譴責和奚落。

3.「華北五省自治」的策動：民國二十四年（一九三五年）日岡田啓川內閣採取了「分離華北」政策（企圖將河北、山東、山西、察哈爾、綏遠等五省置於中央政府統治權之外，成爲日人卵翼下的「自治政權」）。其實施程序分爲兩部分，同時進行：一方面由日軍對華北的武力侵逼——關東軍進擾察東，天津駐屯軍製造「河北事件」及「張北事件」；另一方面是以其駐華使節對國民政府行政治勒索，提出要求承認「廣田三原則」——（1）中國放棄以夷制夷政策；（2）承認並尊重僞滿；（3）共同防共，爲中心的外交談判。經過兩任駐華大使（有吉明、川越茂）馬拉松式談判，國民政府不予承認。至於日本所擬分離華北陰謀，國民政府則設立「冀察政務委員會」以因應阻遏之，而為國家爭取了兩年備戰的時間。

中日關係演變至此，已明白顯示日本帝國主義者完全依照「田中奏摺」所確定之政策程序，作為侵略中國的指導綱領，直欲滅亡我國而後已。在當時，我國一般人士已感覺到國家危難日亟，救亡圖存，抗日作戰勢必發生。尤其是青年知識份子普遍有保衛中華民國的意志。

二、動機（不做亡國奴）與決心（從軍抗日作戰）

（一）日本人的兇相：民國十八年（一九二九年）「中原大戰」停止之後，隴海路以南仍不平靜，我隨家長繞道回南方。記得是從開封向北，再轉向東，先到青島，方能坐大輪船到上海，然後坐火車來到蘇州，停下來住在閶門外的茅家橋。這一次的「旅行」很辛苦——可以說是「逃難」——因為軍閥對南方的革命軍是很不客氣的（父親是南京中央政府派在開封的人員）。當時的情形我也記不清楚了。唯一難忘的是坐在大輪船上的事，大人們在先前已警告過，不要碰撞到船上的日本人。……可是小孩子不耐煩老是坐在統艙裏！乘機就跑到上面去看看……。很奇怪？見到好多個矮矮壯壯的、走路很快的人，好像是送菜飯給旅客的？他們的樣子都不友善，只要和他們相遇便會聽到大聲的，「幾哩咕嚕」地叫嚷著。我猜想那是日本罵人的話，反正我聽不懂，管他的。不過那些兇巴巴的面孔，使我想到書本上曾看到的——「日本帝國主義」。日本人為什麼要這樣兇？我很不喜歡他們！

（二）記得抗日傷兵的話：我們逃難到蘇州之後，過了一段平靜的日子，我也就在距離茅家橋不遠的翠英小學重新去讀初級小學（已經荒廢了兩年光陰未曾上學）。可是國家並不安定——日本帝國主義仍然不斷的在侵略，製造動亂及戰爭。在我國東北發生了「九一八事變」，日本強佔了我國東北三省（見前所述），那是一處極爲廣大的國土，但距江南遙遠得很，對小學生來說，所受到的刺激尚不能深刻體會，但在民國二十一年，日軍又在上海發動了「一二八淞滬之戰」（見前所述）。這就有不同的感受了，戰場距離蘇州僅約一百多公里，似已使民眾覺察到有些戰亂的氣氛。

記得當時在蘇州西園寺（距茅家橋不遠）附近設有傷兵醫院。住院傷兵們時常會出來散步，有的人會跟附近居民談到在上海戰鬥激烈的情形，以及日本鬼子殘暴的行爲。使我們小孩子深切痛恨日寇，將來有那麼一天，必定要對侵略的日本帝國主義者予以嚴厲的反擊，叫他們再也不敢殺害我們的同胞。

（三）對「西安事變」的看法：民國二十五年（一九三六年）十二月十二日，剿匪副總司令張學良，與陝西綏靖主任兼第十七路軍總指揮楊虎城，合謀發動政變，劫持軍事委員長蔣公中正，要求停止剿共，出兵抗日。此一震驚全世界的突發事件，稱爲雙十二「西安事變」。後經南京中央政府處置得宜，由蔣夫人宋美齡等入陝商談，始獲張學良的憬悟，終能和平解決。並於十二月二十五日，親自護送蔣公飛返南京。消息傳出後，舉國歡騰，蓋以當時民眾皆相信唯有蔣公方能領導全民抵禦日本的瘋狂侵略，保衛國土。其後有人認爲張學良的「兵諫」是促成中央政府決心抗日，以及日本帝國主義者加速侵略中國的主要因素，此種論斷似稍欠深入。於前文中曾提及，一九三七年的「田中奏著」內，日本已確定把「征服中國」作爲「征服世界」的過程（對外政策綱領），而此際的世界局勢並無任何阻力足以遏止其侵略政策的實施。相對的，中華民國則已明訂「攘外」的國策，對於日本的不斷進逼已到忍無可忍的地步！「第二次中日大戰」的爆發，隨時可能出現（第一次是「甲午之戰」）。事實上，「西安事變」的主要影響乃在於讓中共獲得「避免瓦解的機會」，中共當局曾一再稱頌張學良爲「千古第一大功」的人，足以證明之。

（四）盧溝橋「七七事變」——中國的最後關頭：

1.簡介「盧溝橋」：此橋位於北京廣安門外，西南方十餘公里處，橫跨永定河上，爲近代史上稀有的巨工。石橋建於「金代」（西元一一九〇年完成），距宛平城僅約數百公尺，橋東七公里之豐台是交通要點。橋長六百六十公尺，橫寬二十六公尺，共有十一個橋洞，兩側護欄上有石雕獅子四百八十五個。乾隆親題「盧溝曉月」四個大字，立於橋東碑亭。昔年，馬可波羅曾經此橋，嘆爲觀止而記於遊記之上。明王夫之船山先生過此橋時，曾作七言一首：「盧溝南望儘塵埃，木脫霜寒大漠開。天海詩情驢背得，關山秋色雨中來；茫茫閱世無成局，碌碌因人是廢才。往日英雄呼不出，放歌空弔古金台。」

2.日軍蓄意挑起糾紛：

民國二十六年（一九三七年）七月七日，在河北省宛縣平城郊的盧溝橋發生事變。是由於駐在豐台的日軍大隊長一木清直所蓄意挑起。藉口所部於演習時失蹤士兵一名，可能被中國軍隊所擄獲。乃向其上級報告，經指示一面要求派日兵進入宛平城搜查；一面自率其大隊將宛平城四周包圍，對中國守軍加以威脅。

宛平城防是由第二十九軍之三十七師的吉星文團長負責。日軍無理要求，入城檢查，中國官方並未同意。而日軍則堅持進城，吉團長以守土有責，亦嚴辭拒絕。日軍遂於八日午前四時四十五分，發動對宛平城的攻擊行動。此乃日本軍閥依照其國家侵略政策，全面進攻中國的開始。

其間，雖經英、美駐華使節試探和平協商，終以難遂日方之侵略野心而歸於徒然。日軍復在北平製造廣安門中日軍衝突事件，日方提出無理要求的最後通牒——要求二十九軍撤退，並限宋哲元於七月二十八日前答覆。然日軍卻於二十七日午，先向南宛一帶攻擊，平津作戰由此展開，至三十日平津兩大城相繼棄守。至此，我中央政府認爲：「和平既已絕望，只有抗戰到底。」次日，由軍事委員長蔣公中正發表告抗戰全體將士書，宣示抗戰雪恥，驅逐倭寇，復興民族的全民決心。八月八日中央報載：國防會議決定全面抗戰，將全國劃分爲五個戰區。

(五)「八一三淞滬戰爭」爆發：

日軍藉口虹橋機場中國警衛射殺其軍官大山勇夫事件，開始向吳淞江灣間的國軍攻擊，爆發了淞滬戰爭。八月中旬，日本重轟炸機到南京投彈數次，這時候我正在南京府西街市立第一中學等候開學，而廚房中彈不能再供給伙食。乃搭火車到徐州與家長會聚，並申請到江蘇省立徐州高中借讀，爲避免日機轟炸干擾，學校遷至徐州西邊十餘公里的龍泉寺。是一座中型寺院，房舍不多，好在高中三個班只有百餘人，一切從簡也擠得下。能夠躲開日機的干擾，靜靜的讀了幾個月的書，我最難忘的就是寺中「晨鐘暮鼓」的迴盪聲音，發人深省。小和尚告訴我「撞鐘、擂鼓不同於凡俗亂打，都是有規矩的，打擊次數與快慢節奏不能錯誤，亂、誤、多、少，就是「心不清淨」，要受責罰。我們在寺中吃了數個月的「素食」，因爲和尚吃齋不習慣葷腥的氣味。

十二月初，江南方面戰事失利，日軍已迫近南京，而此時第五戰區司令部代表中央軍校招考第十五期學生，遂與省徐中多位同學前往應考。中旬出榜錄取，須前往廣西南寧第六分校入伍。乃向家長稟明，決心從軍。父親開始時提出他的看法——認爲我的眼睛小沒有武人精神，且已寫信給在四川的知友，讓我到四川去讀書。當時我請求「先從軍參加抗戰，……以後才能專心讀書——那時我也不知道戰局如何？榜上規定十二月三十一日報到，次日出發。父親在這之前告訴我兩件事：「其一、要在軍校畢業之後到正規軍中去當帶兵官或參謀，不要做情報特勤人員、而且不要和他們深交（因爲我不夠精明）；其二、你有個長處，就是能專心讀書，將來應該考進陸軍大學，好好用功讀書，研究戰史、戰略。」當時我對於他這兩段訓示的期望覺得——「很遙遠、高不可攀！」但我深信父親是很「認眞」的，針對我的個性所提出的。父親喜歡寫字，他留有許多朋友送給他的「書法」，可惜都無法保留下來。父親的「訓示」主要的如上兩件事，我都做到了。只是非常遺憾！他在歷史性的悲劇洪流中，被淹沒了，在「紅衛兵」的動亂中逝世了。（我曾在民國八十五年時，由家鄉對台辦人員引導，到福建省順昌縣、大干橋旁西北端臨近閔江邊，經當時在先父身旁的方承春同鄉及當年的村長指認土墳的所在地，先行燒香跪拜後，開始挖深兩公尺餘，未發現棺木。在場村長稱當年紅衛兵曾經挖出棺木察看究竟後，又再草草掩埋，是否移動位置？不得而知。而且地形經過五十多年的變動，附近還有其他墳墓，不敢亂挖，實爲遺憾終身！

三、投考中央軍校經錄取前往報到

（一）錄取新生到武漢集中：

民國二十七年（一九三八年）元旦上午，在考場集合編班，徐州考區錄取一百二十人，分爲十二個班，依據放榜秩序：第一、十一、二十一、三十一、四十一……等號編爲臨時班長。我是第十一名，所以派上了「班長」任務。爲便於認識每一位錄取者，發給一個小白布條「寫有姓名」縫在外衣左口袋上方。編班完成後，來了一位高級軍官講話——要點是馬上要坐火車到廣西去……，並派了一位崔中校副官帶領我們，說走就各人帶著簡單的行李（被子、換洗內衣褲、洗臉用具……）走到火車站，上了鐵篷車。我心中有疑問？稍後方知：中央政府已遷都到四川重慶去，南京在十二月十三日陷落，遭受日軍屠城、傷亡慘重……。在火車開動之前，崔副官召集各臨時班長交代了幾句話，要大家小心相互照顧，並且發給每人一天旅費八角法幣（當時在徐州可買到五十個雞蛋，或八十個燒餅……）。我回到車裏轉述崔副官的話，並分給每位同學八角錢，不久火車動了，就這樣離開家長……走向軍校，當了兵——這是我從來都沒有想到過的事！然而在那個年頭，中學生被「捧爲大時代的青年」，我們自動從軍，抵抗「日寇」，乃是義不容辭的愛國行爲。第一次坐鐵蓬車覺得很冷，二三十人擠在一起不怕寂寞，似乎各想各的心思，很少說話，就這樣搖了一夜，天亮時火車停在鄭州車站附近。崔副官到蓬車查看，並告知到他車中去領錢（自徐州上火車後，一直到三月初在衡陽換軍服，有了隊職官——崔副官責任完成，都是發錢由各班，自行買、做飯吃）。我們這個列車是特別慢車，而且開、停車時間不一定，同學們在車上都很無聊，於是便有人說「故事」了。爲引起聽眾的興趣，便出現了「拉渾卦」——講黃色故事，我從來沒有聽過這樣「精彩」的故事，開始時覺得「怪怪的」，同學中大多是小、中學老師，他們好像是「司空見（聽）慣，很「樂此不疲」的樣子。糊裏糊塗的，火車過了長江？到了武昌站。崔副官告知走路到「徐家棚」，每班找一個較大的民房住下來（百姓一看是學生從軍，很客氣的容納我們），他也在那裏住下來。

問題來了，徐家棚沒有飯店，各班要自己做飯菜吃，也不知道要住幾天？找誰來做飯（菜）？晚間第二班十個人在一起商量，結論是：班長要給我們全班飯吃，每天輪流派一個同學幫忙（他們都說不會做菜、飯），……還可以找本地的大嫂教同學們怎樣做（這是一個好主意）。我就這樣大家吃了幾天「不怎樣」的菜飯，好在當時的同學都很「笨」，沒有人要「退伙」的。我們並不知道在武昌徐家棚要停多久？也沒有那個去問崔副官，只知道是在等候其他地區招考的學生來聚合再走。在這一段「做飯、吃飯、睡覺的時間中」，沒有帶書來，也沒有想到去買書看，只有幾件事我還記得：其一、是省徐中校長嚴立揚先生帶了部分教職員到四川去，路經漢口停留數日，高三同學欽璧去見他，回來說：「校長願意幫忙有志到四川讀書的」——沒有人請求跟著走。其二、很難得有機會我和幾個同學一起到蛇山的「黃鶴樓」去看看，在那裏碰到一位中年的老兵和我們「拉卦」，知道我們是志願從軍的學生，他很高興……他告訴我們一件「新聞——槍斃韓復渠」。說是：上月初委員長到開封召開軍事會議，前方高級將領都參加，山東省主席韓復渠也去參加了。他的部隊並未和日本鬼子打仗就退到河南來，他帶著手槍旅，坐著一列鐵甲火車到開封站，自己帶著很多衛隊去參加軍事會議。當他到達會場附近時，正好遇到空襲警報（是事前安排好的），街上所有人都不能行動，……於是把韓復渠捉到送交法辦，並立即派遣第三集團軍副總司令孫桐萱任總司令，接管韓復渠的軍隊，以安定地方部隊的軍心。一月二十四日，由最高軍事法庭審判，依據戰時軍律，將韓復渠上將判處死刑，並於當日晚間槍決。這個例子，給軍人很大的教訓——軍法是不敢違背的，尤其是「戰時軍律」，乃是絕對不能稍犯。其三、離開家鄉及家庭很不習慣；尤其是派充「臨時班長」還得爲「班兵」領錢分發和做菜飯，顯得很不靈光和不輕鬆，於是第一次發生了「偏頭痛」。同班同學有經驗，叫我到武昌去買幾包「五分珠」，頭痛時吃一包就鎭定住了，過了幾天就忘了「痛」！

（二）衡陽換軍服：

到三月初，崔副官通知我們明天要上火車——大概是由各地招收的新生都到武漢集中了。……火車到了湖南省衡陽，下車後走往臨時住地，換軍服和軍用裝備（包括軍毯、背袋等……）這時就由軍校第六分校派來的隊職軍官接收學生，我們從徐州來的學生計一百二十人稱爲第二隊。接著就是「練習行軍」，一直走到廣西柳州，本來是要到南寧的，因爲「崑崙關險要」，足以拒止將由中南半島的越南可能入侵的日軍。但南寧卻在崑崙關的西方百餘公里，並距中越邊界甚近，在安全上有顧慮。而柳州在崑崙關山地的東北方兩百多公里，其間有數條大河的阻隔，較爲安全多了。

（三）開始當入伍生——在廣西柳州：

我們就在柳州停下來，接受「入伍」訓練，號稱「中央軍校第十五期第六總隊」（由第六分校主任俞星槎中將負責管理），編組爲第一、二兩個入伍生大隊，第一大隊有四個隊：第一隊來自山東；第二隊來自蘇北徐海地區；第三隊來自安徽；第四隊則爲華僑青年。第二大隊也有四個隊，主要爲在大西北地區所招考錄取的學生。我是在第二隊的第一班，班長叫牛清坦，我的身高排在第八名（共十四人）。入伍生的階級是上等兵，要受步兵的基礎訓練——各個教練及班、排教練爲主，還有體能訓練（槓子、木馬和劈刺等），好在我們於當「文學生」時，大都接受過「軍營集訓」，這一套多半都會做，只是做得不怎樣好，所以不覺得爲難太辛苦。當時眞想不到，我們最喜歡聽到的竟然是「拉警報的汽笛聲」，自動地緊急集合，背著上不了刺刀的老步槍，戴上英國式的老鋼盔，在値星區隊長的指揮下，跑到——小樹林、凹溝地、亂墳地等等處所，把英國鐵帽子的頂朝下，當小板凳坐，……打瞌睡或聊天，根本不管日本飛機的事。當時卻沒有人在「抽洋煙」，沒有人會禁止的，也用不著管，「上等兵」的入伍生那會想到去買「洋煙」！

回想起來，關於柳州還有幾件事情很難忘記：

1.柳體字：小時候同學們練習正楷書寫時，依個人的喜好可以分爲三種字體——歐體、顏體和柳體，柳公權是唐代元和初進士，其先人封於柳，後即以柳爲姓氏。公權善書，「結體勁媚，自成一家」，後世多習其書法，稱爲柳體。學習這種書法的人多爲聰明而身體瘦長的學生。我小時候比較笨，老師指定我要練習歐陽修的正楷書法，所用的是「九成宮碑帖」。

柳宗元唐代進士累官監察御史，曾貶永州司馬，後徙柳州刺史，頗有治績，後人稱頌之，至今不絕。

很久之前，在中國大陸有幾句流行的諺語——「穿在杭州、吃在廣州、死在柳州。」因爲在柳州所產的一種木材很大很直、質料很好，拿來做「棺材」是「價廉物美」的。不過尚未聽說有人「爲此之故」跑到柳州去死。尤其是在現在，普遍流行「火葬」，對於是否用貴重的木料來燒毀已不是要緊的事情了。

2.柳州在那時候，還有兩個「空軍入伍生連」共約三百多入伍生——長得高高的、身體很棒，儀容很帥，令我很是羨慕他們，至今難忘。民國四十年（一九五一年），我在「圓山軍官訓練團」受訓只三個月，但有陸海空三軍的青壯年幹部共聚一堂，相互砥礪革命志節，我曾訪問空軍中資深幹部，是否知道那批在柳州入伍的空軍勇士們，是否有人來到台灣？可靠的答案是「僅有四位！」其爲國犧牲的公算是百分之九十八以上，眞令我感慨不已！

3.玉蘭花下「入廁」：

入伍生的形象似乎是看來緊張，例如讓白布棉被放在一旁（整成方形），而情願挨冷蓋軍毯（怕來不及整理棉被），往往在起床號聲響起之前就爬起來了，拿起洗面盆（兼洗腳盆）毛巾、漱口杯等向外就跑，目標是廁所和洗面台，時間緊湊，顧不得東張西望。過了兩三天，是星期假日，起床號把人吹起來，整好內務再向目標走去，沈著氣先入「廁」，只覺的眼睛很亮，好大的樹，上面有很多白色的花，鼻子也靈光起來，蹲下之後便聞到陣陣的香氣，恰好有兩片花瓣掉下來，落在腳旁撿起來看看，竟然是有名的「玉蘭花」！立刻浮上一個可笑的問題？玉蘭花怎麼會長在這麼高大的樹上呢？正凝神在想時，忽聽下面有水響的聲音，往下一看嚇了一跳，原來是我自己蹲在「水屋」裏的木板上如「廁」，下面有好幾條大鯉魚在搶食糞便，面臨這時候的「上與下」兩種情境，眞是「不可思議」之至！使我好幾個月不敢吃「鯉魚」等在池塘中養的魚類。

4.劈刺教官「大老黑」：

只要你見到他便有幾分敬畏之心，他喊「口令」時聲如洪鐘，使你不敢不應聲動作。劈刺訓練分爲兩個階段：基本訓練——是使用步槍（我們入伍生拿的是沒有刺刀的「老套筒」）口令有：「預備用槍」、「停止」、「前進刺」、「連續刺」、「防左刺」、「防右刺」等。要求「氣刀體一致」，發出怕人的吼聲。應用訓練則是穿戴護具，持用「木槍」，主要是熟練「攻擊」和「防守」等，我們很專心學習之。

（四）分科考試的結果——成爲工兵隊學生：

民國二十七年的十二月初，「入伍」訓練將要期滿了，舉行分科考試：特種兵有砲兵科、工兵科和通信兵科，要參加特種兵科考試的，可自由參加，每人可選兩個兵科依成績和體能挑選分配，凡是不參加選科考試的都爲步兵科，又參加特科考試未被選上的也列爲步兵科。考試很簡單，也未公布成績，大約十餘天之後，全總隊入伍生到大操場集合、編隊。我在塡選兵科時——寫的是：砲兵科和工兵科，選砲兵科可以騎馬、放炮（我很喜歡的）；選工兵科因爲我原本就想到大學去讀有關工程的學系，我也喜歡畫圖，數學基礎也還可以。在大操場裏分別由砲、工、通三科的隊職官到各入伍生隊（當時已經入伍期滿了）。點名是依砲、工、通的次序的，我在工兵科隊職官點上了名，就出列走到「工兵隊」的地方去。此時恰好大隊長走到我這邊來，我立刻向他報告：「我認爲分科考試成績不錯的，爲什麼不能分到砲兵（第一志願）隊去？」他不經意地瞄了我一眼，說：「你這麼矮扛不動大砲彈，學什麼砲兵！」我有些不服氣，因爲我比他還高半個頭！不過他是位步兵上校（外號大蝦蟆），我一時也想不出還問他什麼！可是心裏還是有疑問！就在「大蝦蟆」要離開時，我看到有兩個同學似乎比我並不高，正被點名叫到砲兵隊那裏去，我認得那是王振聲和劉緒祿（第一隊的）。我立刻向前走兩步說：「大隊長那兩位第一隊的同學不比我高，怎麼可以去學炮兵呢？」他先是一楞，看清楚了劉、王二人時，頗認眞的對我說：「他的學問比你好。」我也楞住了，應該是考試成績比我好才對，怎麼說是「學問」呢？不過後來我眞相信大隊長的話了，劉、王二位的能力學識的確是比我強，而且和王同學成爲知己（劉沒有到台灣來）。

民國二十八年元月間，我們進入廣西桂林李家村第六分校的校舍，工兵隊有一百二十名學生，其中信奉回教的約爲一半人（全隊只有一個伙房，完全依照回教飲食辦理，讓信教同學安心）。這時，派來三位少尉區隊附，他們是軍校十三期工兵科才畢業分發的，是郭其輝、姚毅……

…，後來考上陸軍大學正規班，也到台灣來了。

新來的分校主任黃維中將是黃埔一期的，政治主任倪文亞先生是留美哥倫比亞大學的，兩位長官站在司令台上，學生們從下面望去，覺的儀表嚴肅很有精神。

分科之後成爲「學生」，階級昇爲中士，素質整齊，學習情緒似乎很好。在李家村新校址中，範圍廣闊，天候良好，大概進駐有五個月，所受教育項目側重軍事學科和簡單的技術動作。

但有幾件事情是值得回憶的：

1.李家村有一條小街，可以買到一些日用品，那裏有兩樣食品我很喜歡吃，叫做「綠豆沙」、「芝麻糊」，每次去都會吃其中一樣。

2.跑步到桂林市去：星期日有時候會約定同學到桂林市去，那時候沒有什麼交通工具可搭乘。從李家村到桂林市說是有四十多華里，通常我們（包括杜慶雲、張聲濤、徐崇華、夏慶和等）是用小跑步的（中間要小休息數次），大概在中午之前可以走到市區，主要目的是大家「湊」錢去吃「馬肉米粉」或肉絲麵，另外買點花生米吃。有時候會到「七星岩」山洞等處玩——軍校生沒有多餘的錢請嚮導（拿火把——手電筒進洞後看不見東西的）帶路說明，我們有一個方法——站在洞口等著，遊客大多會邀我們一起走，要不然就是「看甲天下的山水」，很容易消磨兩三個小時。然後連走帶跑在吃晚餐之前趕回工兵隊，正好口渴了、肚子也餓了，遊興也盡了，吃過飯就會「打瞌睡」！

3.李家村的大山洞：就在校舍旁邊有好多個大山洞（不很深、但有小水溝從洞內流出來）工兵隊分配到一個大山洞、太陽光會照到洞裏四、五十公尺的地方。每個月通常會有兩次要「認眞」保養各種工作器具——就是要到山洞來擦拭整理那些磨得發光的圓鍬、十字鎬、手斧等。有多餘的時間，我們會到小水溝裏摸魚捉蝦玩，有幾次還帶著大口杯和一點鹽，到山洞來煮小魚蝦吃，這裏不像柳州水塘裏的魚，它們吃不到那些東西。

4.學習游泳：工兵一定要會游泳的，在營房一旁就有一條小河，勉強可做教游泳之用。爲防止意外在規定時間內，挑出會游泳的同學擔任助教（兼救護）。我想起了小時候的情形，家長和老師都不准小孩到河裏玩水（怕被淹死），所以在農村的小孩子只能和幾個大孩子「偷著」下水，游泳姿勢學不好——叫做「狗爬式」。現在學工兵了，能夠「堂而皇之」的玩水，眞高興！有一段時間皆是吃過中飯就下水，後來就有了問題——飽食之後做激烈運動容易發生胃病，我和另外幾個同學就是如此的，數星期之後毛病就出現了，好不容易才吃藥治療漸漸恢復正常。

（五）到「工兵學校」——接受「代訓」：民國二十八年（一九三九年）六月間，因爲六分校缺乏訓練工兵的設施和器材。我們這個工兵學生隊獲准到湖南零陵（永州）工兵學校，由其代訓半年。

到達工兵學校之後，第六分校就將我們這個工兵學生隊交給學校。其編組稱爲：工兵學校第四期學生大隊第一連，所有連隊幹部皆由工校派任。大隊長黃德馨上校（日本砲工大學畢業），連長孫東屏少校（軍校前期學長），還有三位排長、一位排附。

工兵學校校長林柏森中將，高高瘦瘦的廣東人，表情嚴肅，沒有見他笑過。管理學校很認眞，訓練出來的學生很夠水準。校長的交通工具是一輛三輪機踏車，由駕駛士開車，校長則坐在車右的「車斗」裏。學生接受工校教育之後，他們的學術都練得很確實，最難得的應是能夠吃苦耐勞，克服困難以達成任務的磨練精神。大家都很欽佩林校長的才能和工作精神，認爲他對國軍抗戰有很大的貢獻。

民國二十八年十二月間，軍校十五期第六總隊的工兵隊是在工兵學校畢業的，校本部辦事效率很夠水準（可能是與第六分校先行協商妥當），我們這一百二十人的畢業應辦手續都依次處理妥當，幾乎沒有耽誤的！

工兵同學要自己辦的事，例如：同學錄、校徽、佩劍、治裝（衣服、武裝帶、圖囊……等），推舉出來負責辦理的同學說都得到校方的指導和幫助，得以如期完成之。

塡寫志願對個人而言是很重要的，我並不清楚任何部隊的情形，但也有一個原則——到國軍很好的野戰部隊去。最後只有兩個人在遲疑未決，我是不知道去那個部隊好？李東暘同學走來邀我同他一起到陸軍第七十四軍去，他說那是一個很能打仗的部隊，我就聽他的了。另外一個人是陳毓漢他也是要到野戰部隊去而學校要他「留校服務」，他堅決不同意（是在交通大學肄業時考進軍校的）！而學校則認爲校長已批准留校公文，非留不可，……結果「關禁閉再說」，臨行前，我和他匆促談了幾句話——抗戰之後我還是要去讀大學，算得上是有志一同的。

關於在工兵學校當學生時記憶猶新的一些事：

1.工具器材的整理：在作業使用中，對於暫時不用者，要放置一旁保持整齊，工作完畢要收工時，一定要擦拭乾淨放置整齊而有秩序（或歸還原來存放的位置）。

2.「藝高人膽大」的心理養成：爆破訓練時對各種火藥火具的使用力求謹慎安全，對學生要求達到「藝高人膽大」的心理效應，面對危險的雷管、信管、炸藥、地雷、詭雷、炸彈等的設置，處理要能專注冷靜，並且要適當的安全防止擾亂的措施。

3.對重量、體型較大的機具或器材的移動，搬運：應讓工作人員均知悉其要領，並有指揮人員以口令執行以規範動作、行動。

4.使學生能夠「身體力行」：去領悟勞累辛苦的工作，例如：二十四小時分組輪流坑道作業；長程操舟及緊急渡河架橋作業等。

關於管教方面也有兩點：

1.模型藥包的惡作劇：在快要畢業的時期，我們第一連連長孫東屏少校與同學相處的情形，越來越冷漠，連長喜歡嚴守規定（有時過份），這倒不要緊？但是他喜歡「怒形於色」，有時還加上一兩句「惡言」，我們隊裏大部分是北方人很覺得受委屈！在十二月中旬的某一個半夜，連長忽然穿著睡衣往室外跑，口裏喊著：「炸藥！炸藥！」驚醒了幾位同學跑過去看，連長室內有「嘶嘶」的緩導索的聲音和氣味……。等了一等，聲音停了，也沒有動靜！膽大的同學走進連長室內看看，點著了火，見到地上有一個黃色藥包，拿起來很輕，原來是個木製的模型！他想笑……這時連長已走進房內了，他忍住笑、把假藥包放到桌子上，趕快溜出來。於是天亮後同學們都知道了，但不知道是那位「勇士」的惡作劇？連長執意要追查……。可是，沒有結果，一直就成為懸案了！

2.照顧病號的愛心：凡是有輕病的同學都要到作業場所去見學，不准留在連裏偷懶？並且派一位少尉排附帶領照顧，以免發生意外，這充分表現了一種負責任的關愛之心。那位少尉排附乃是工兵學校第二期（同軍校第十四期畢業）學長，名叫楊念國到台灣之後以中校退伍，這是一個正面的管教示範。

四、畢業分發，志願參加野戰部隊—陸軍第七十四軍

（一）核准命令到達，完成準備事項：

民國二十八年（一九三九年）十二月下旬間，分發命令到達。核准到七十四軍去的同學共有三名：十五期工兵學生是：李東暘和我，十六期（工校第四期學生大隊第四連）同學雷奮強。在此之前我們已將各項應準備的事情都做好了，諸如：

1.繳交學校所要塡寫的表格及兩吋照片。

2.印製同學錄，作軍校同學紀念章。

3.領取治裝費（這是第一次，也是末次）購製以下所列物品：武裝帶（軍官用）、佩劍、圖囊、水壺、雨衣，以及力士膠鞋、棉被、防雨油布（包行李用）、洗面用品等等……。學校則發給一套軍服、綁腿、兩套內衣襪等。

前面所說是關於物質方面的準備，主要的還是在心理方面的準備，主要有兩點不同於以往的——畢業離開學校：

其一是——即將「遂其多年來的心願」——對日本帝國主義作戰，而且是到野戰部隊去，親自上戰場。

其二是——跟著同學李東暘（他比我大好幾歲）跑，去報到等等，都不用操心！

在年底前數天，畢業證書，分發命令和旅費都拿到了。李同學召開了「三人會議」，說明七十四軍在江西高安附近，我們可以坐一段火車，到株州下車後，再走路。預定於民國二十九年元旦出發……（問有什麼意見？我和雷同學齊聲說：「好！」就決定了。）

（二）「三人行」，走向七十四軍：

1. 我們已知軍在江西北部的高安附近，乃依原來的想法，於民國二十九年（一九四〇年）元月一日，在零陵（永州）上車，一路搖去，也未計時間（大概是兩天）似乎到了株州。於是雇了兩個人替我們挑行李，沿萍鄉——宜春——分宜——上高——高安的路線走去，一路順利，每天都可以有「飯鋪」住，吃好菜販、泡熱水腳，平安無事地過了七八天。那一天晚上，我們住在泗溪附近，距高安還有一天行程（快到了很高興）也很累，在睡夢中似乎聽到有遙遠的「炮聲」。天亮以後，飯鋪老闆「請吃」早飯，依例先叫挑行李的一起來吃飯，……找不到人！為什麼？我猜想是與昨晚的「炮聲」有關係，他二位不樂意送我們「上戰場」去。好在前兩天在「要買煙吃」的請求下，已經付了他倆的全程工錢，同時每天吃住也都不要他倆出錢。有了問題——行李怎麼拿？三個人一邊吃飯、一邊想！……最後，飯鋪老闆來說：「向高安去，僱不到工人。」老闆娘有了意見：「看你們的東西很少，可以自己挑嗎？」我說：「沒有學過用肩膀挑東西！但是我們練習過扛，棉被這樣大，怎麼扛？」最後有了主意，買了三個「包袱皮」，先把棉被捲緊綁妥（裏面塞上換洗衣服）。再用上包袱皮只要能包上上半截就可以扛或者揹了。三個人就這樣連扛帶揹的上路，終於在黃昏之前找到了軍部（在村前附近），李東暘和山東老鄉聯絡上之後，當天晚上吃住問題都安排好了，準備第二天上午到軍部人事處辦理報到手續。好累，晚上不管「三七二十一」，先睡個好覺。

2.次日上午，我們三個人「睡夠了、吃飽了」，來到陸軍第七十四軍軍部的人事處，先見到處長吳戾天上校，遞上分發公文。他很客氣的接受我們辦報到手續。……塡了很簡單的表，並告知：明天上午軍長王耀武中將要召見，把服裝儀容整理好……。再由李東暘帶去見參謀處長邱耀東上校，也很熱誠的接見我們……。

3.又次日上午九點鐘，軍長王耀武將軍召見，點名（在我們三個人之外，還有其他分發來的學生八、九人），講了幾句話……就在我們前面坐下。想了一會，問道：「你們當中那個劈刺最好？」李東暘立即回答——是陳培雄。（這眞出乎意料之外！軍長叫衛士拿了一支上了刺刀的步槍來），我接了過來，李同學示意由他喊口令、我做動作，兩人站好位置：依口令做了——用槍、前進刺、防左右刺，以及連續刺（氣刀體一致的三刺）等基本動作，就叫停止了……。軍長說了兩聲好！好。你們下午到各部隊去到差。

（三）我問班長——「日本鬼子在那裏？」

下午我們三個人遵照軍長的命令走到軍工兵營去到差（有人帶路和背行李），走了三四個小時才到營部，見過了營長朱萬斛少校。然後李到第一連；我到第二連；雷到第三連。當我走到第二連連部時，已是黃昏的。好像連的位置是在最前線，但不知「日本鬼子在那裏？吃過晚飯我出去看看，走到一個橋頭班據點，我問班長：「日本人在那裏？」班長回答：「在橋那頭。」但一切都很寂靜，連狗叫聲、燈光也沒有！戰場就是這樣「冷靜的嗎？」。

第二連連長陸錚榮少校、排長甘國定中尉、何大倫中尉、排附徐英傑上士、特務長王貴昌准尉，士兵人數約一百三十多人。我到差後算是第三位少尉排長了。這時，「高安作戰」已進入尾聲，雙方部隊都在調整。稍後，軍工兵營也向西移動從事整訓。

（四）七十四軍的整訓：其習慣是：三個師（五一、五七、五八等師），軍及其直屬部隊（亦有概同一個師的人員），分爲四大部分，取得適當間距分別駐於預想作戰地區之附近。軍司令部與其直屬部隊之駐地也是取得若干公里的間隔距離，以便於部隊之安全和調動。通常每週有一次「擴大朝會」，由軍長主持，各直屬部隊都要參加。就在這個集會中規定——軍司令部各處室軍官及各直屬單位預定擔任「劈刺教練」的軍官，要集合學習「刺槍」一個小時，而是由我來「示範」並喊口令指揮操作（在我們報到，軍長召見時命我做劈刺基本動作給他看，就有「加強部隊刺槍訓練的想法」——因爲日軍的「白刃戰」很厲害）。這項工作做了七八次之後，軍工兵營要到敵後去「作戰」，就由各單位自行訓練了。由這件事上來看，可見王耀武將軍的「用心」是多方面顧慮到的。

第二篇 上戰場見學記

第二篇　上戰場見學記

壹、開始「見學」實兵戰鬥行動

當快要畢業的時候，聽前期老學長們說過，分發到野戰部隊要先當一段時間的「見習官」，由資深的連排長們帶著你，指導你（愛護的意思）怎樣去：「帶兵、練兵、用兵、指揮作戰」，以免「新手」糊裏糊塗、亂碰亂撞地意氣用事。不但「草菅人命」，白白送掉自己的小命，還會貽誤「戎機」拖累部隊。這種見習的過程，在我看來乃是非常合理，而且尊重「生命」的。可是，當我一到工二連時，陸連長便宣稱——第三排陳排長來到差了……。沒有給我「見習的一點機會」，我又不敢提出要求：先讓我見習學會如何當野戰基層幹部（學校似乎沒有教過？）是怕被人笑……「軍校學生怕死」……影響了「黃埔」的聲譽。

好在連內已有兩位軍校十四期的老廣學長——甘國定中尉和何大倫中尉（他們分別是第一、二排的排長），只要留心看他們的言語、行動，在一旁學到些就得了。不過，我常會產生很多疑問難題，偶爾也曾向他們提出一點來請教……。每次所得到的回應是——在戰場上有吃有喝就好，沒有什麼問題好去研究的！眞是豪爽，令人欽羨！

一、「高安會戰」的尾聲，進入南昌附近西山，行敵後突擊，推測是牽制日軍的兵力調動。

(一) 頭一次進「西山」，我第一次眞正的和士兵們在一起「打仗」，守「太平里村莊」。

1.「保密」，跟著走，不知道往那裏去？

記得是在農曆過年的前後幾天，我們換了「輕裝」的戰鬥裝備，我分配到一把「自來得木殼槍」和一百發手槍子彈。我的其他裝備是：上衣是棉襖、褲子是夾的（上衣口袋裏放著畢業證書和紀念章）、圖囊（裏面放著同學錄和佩劍），水壺等。軍毯和一套內衣由傳令兵替我帶著——他沒有帶槍的。

對了，我還帶著一個排（三個班兵力）——班長等的名字在當時還弄不清楚——眞是「糊裏糊塗當排長」！

行動的那天早上，很早就隨全營出發……。當天走了一百多華里路，過了兩條大河（是冬天呵！走過去的，水到了腰部，我把手槍和子彈頂在頭上），又走了一夜，翌日清晨進了西山，在一家飯鋪的路邊大休息。連部買了一大鍋稀飯——居然只有少數人在喝，大多數人都躺下睡著了（證明人在又累又餓的時候，先是想睡覺的）。一個個被叫起來……再走進「西山」。黃昏前，連長集合班長以上分配警戒和戰鬥任務，第三排爲預備隊。吃過晚飯才知道這個村莊叫太平里，四周都是「大毛竹」，門上都貼了紅字——原來他們還在過年（這裏還是用「法幣」的，所以我們還能買到飯菜吃）。至於日本鬼子在那裏？沒有人問過這件事！問也沒有人知道？還是睡覺要緊。

2.似乎睡了一會，就聽到有人在叫我：「陳排長起來，預備隊要馬上進入陣地。」當我起來時……看看全排的弟兄都已經「準備好了」，好像是在等我開口？我直覺的想到「陣中要務令」，把自己的疑問先擱下說——各班按預定……進入陣地。只有二三十公尺遠，我帶著手槍走在後面。村子是位在一個小山坡上，村邊有一大片「毛竹」，我們先選的「預備陣地」就在竹林後面，我們看得見前面的動靜，而村外邊的人卻看不見我們。我站在一堆土磚的後方……看到有些散開的軍人向我們的村子左面跑來，看服裝和我們是一樣的，在左側的第九班班長正在大聲問：「是那個單位的？」答稱：「是五十八師騎兵連的！」讓他們從村左邊過去。跟在他們後面而來很刺眼的——正是「日本鬼子兵」，散開的隊形逐漸向我們接近……不遠了。我排的輕機槍響了！接著步槍兵開始射擊了。這時候，我注意到前方也只有數十個「鬼子兵」都分散在利用地形掩蔽未敢前進，他們的機槍打到我方竹林上的「匹拍」聲，聽起來很特別。我們所帶的子彈有限，絕不浪費發射，於是陣地附近冷靜了下來。我才想到——現在是什麼時間？看手錶是九點多鐘，讓我想起是昨天下午到「太平里」的，怎麼一夜過得這樣快？（人太累了，睡太熟，連夢都不會去做，所以覺得只睡了一會！）正在想著昨天怎麼過的時候，我旁邊的士兵告訴我：「排長！前面有一個鬼子兵，從水溝裏爬上來！」我本能地用「木殼自來得手槍瞄準他」，只用食指扣了一下，兩顆子彈就飛出去了！（戰場指揮官的任務是「指揮」，自己用槍、刀和敵人打鬥的時機是非常少的）。小部隊的對峙，又讓戰場重歸冷靜，當這時候，第一班班長韓德安從村子那邊走過來問我：「排長，這邊怎樣？」我回答：「鬼子不敢動了！」話聲剛落一顆流彈打中他左肩子彈帶上，我判斷他受傷了，叫他趕快到連部找看護兵。（他以後又負過兩次傷，在民國三十六年濟南保衛戰中，陣亡了，久經戰場的勇士們多半是如此「歸宿」）。

3.到十一點多鐘，連長走來向我說：「陳排長，我帶一、二排現在行動，你掩護，等半個小時才走。」我就請三位班長過來對錶，半小時後，由第七班先留下隔十多分鐘交互掩護脫離敵人（按照步兵操典規定做）。當我們這個排離開太平里有相當遠的時候，回頭看看村子裏面起火了！不太平了。戰時的人民「生命如草芥」，奈何！

4.這也是我的第一次執行「掩護撤退」任務，通常是先用「交互」行動方式的。和連、營集中後，又是跟著走路，到那裏？也不用問了。走了兩天，經過奉新，到了安義縣的附近地區（小地名我記不起來了）。在這裏停留了約兩個月，我還記得幾件事情：其一，是整補——傷患治療後送、彈藥補充、冬衣更換；其二，是主副食的購買前送；其三，是休養檢討；至於突擊部隊的重組，敵情及漢奸組織的了解如何？我就不清楚了。另外，有一天忽然來了十多位女兵，他們多數是軍校十六期畢業的同學，番號是「政治工作隊——簡稱木蘭隊」。其活動主要是與民眾溝通宣傳和基層部隊訪問講演等。她們是屬於第十九集團軍總司令部的，總司令是羅卓英將軍。

在安義停留了一個多月，開始時吃「悶燒紅薯」覺得不錯（買不到米），在山地裏生的紅薯，成長的較慢、糖分較多、煮熟的紅薯等鍋裏的水快乾時，才停止加溫、鍋底有許多「糖稀」很好吃。一日三餐完全吃紅薯，連續吃十幾天就難過了。不是「排氣多」，而是很「不想吃它」，這種情形很少會「碰上」，我生平也只是在「安義」遇到過這一次而已。

五月上旬的時節已經是初夏了，我們奉命又要進入西山去「突擊」日本鬼子兵。

(二) 再進西山，強行破壞橋樑與掩護關係

1. 這次是從另外一個方向進入西山，由於日軍在所經道路的各要點山上，派有小部隊構工據守，居高臨下白天是無法通行的。因爲人數少在白天日本鬼子是不敢下山的，所以我們都是在入夜之後由鄉民嚮導繞路而行，走了數天才進入西山山區，好在天氣暖了不要徒涉大河，少受許多辛苦。

2. 五月中旬的某天上午，與步兵突擊部隊會合，我們工兵營充當攻擊的預備隊。工二連是跟著營長（朱萬斛少校）走的——似乎是隨時要參與戰鬥的樣子，初夏的山區氣候雖在陽光普照之下。覺得很溫暖舒適。連在一個小山頭的「反斜面」停下來「待命」，我跟著連長（陸錚榮少校）從一側繞過小山頭到前面去看看。先是聽到我方的馬克沁水冷式重機槍「洞洞」在響，又聽到日本人的輕機槍「軋崩、軋崩」在叫——好像已經開始戰鬥了！忽然，我想到還有兩位十四期的學長（甘國定和何大論）怎麼沒有來呢？……問跟在連長一旁的傳令兵——才知道他倆在夜行軍中有病，送回到後方去了（不過以後就沒有見到過他們，聽說是轉院後，到廣東部隊去了？）當我

從「分神、懷念」中警覺過來時，眼前的景象讓我不敢相信是眞的……遠在數百公尺之外的陡峭山坡上，有一兩百名穿草綠色軍服的人在往上「爬」，敵方的輕機槍一陣陣的在響……。我直覺——這樣的攻擊是不符合「步兵操典」的，……沒有可以掩蔽的地形地物、沒有制壓敵人的火力，而是在白晝之下，向設有工事的敵人仰攻！我不自覺的在說「那能這樣攻擊！」似乎是話聲大了一點，有一些人回頭在看著我（包括我的上級營連長和指揮作戰的什麼人），我們所在的山頭上忽然沈寂了一會，雖然我接觸到一些人「奇怪」的目光，可是，令我自覺到只是一個見習排長！不過冒失一點而已。午間，我們連奉指示要去破壞公路上的橋樑以阻礙敵人的增援。而立刻行動。此時我方步兵營的攻擊亦已頓挫，我眞擔心那些兄弟們暴露在敵人火力之下，怎樣轉移下來？（後悉：步兵營草率攻擊的目標，是「雙峰嶺」，由日軍一個小隊四十多人據守，有四挺機槍，構有簡單機槍堡及交通壕。白晝強攻頓挫後，改派部隊行夜間攻擊，適逢下雨，數十位勇士潛行至近距離，先投手榴彈，然後衝上去行白刃戰，……嶺上日兵悉數戰死，我步兵營傷亡亦甚重——由於開始時的日間攻擊失敗。）

3.望城崗木橋下，雙方的「盲動」：陸連長所受領的口頭命令是「破壞望城崗公路橋樑，以及公路上的其他小橋。由步兵團部派出掩護部隊，讓工兵能迅速達成任務。」連長帶著我們離開預備隊的位置，找到一處較爲有掩蔽的地方，做飯吃和補充飲水，並準備爆破器材等。然後照上級指示，去找團部（這次「突擊部隊的兵力編組：指揮官是一位姓張的上校、編制職位叫做「步兵指揮官——是由原來的旅長改稱的」，下轄有：步兵一個團、工兵一營，搜索連一個及情報、通信、衛生等單位。」到下午四點多鐘，才見到團長，說是——由某營負責掩護工兵實施破壞橋樑工作。於是連長再帶著全連去找營部，見到營長時天已快黑了，營長說已通知由某步兵連擔任掩護。

我們的連長（很生氣的樣子）召集班長以上幹部宣布，不靠步兵支援掩護，我們自己提高警覺，靠自己力量去幹。接著分派任務——「陳排長帶自己的排去破壞公路上的小橋和大涵洞，明天上午在此地會合；我帶連主力去破壞望城崗的橋，在這裏要吃飽飯，做好準備然後行動。」

我首先覺到是：在作戰時候連內的軍官太少了，只有連長、特務長王貴昌准尉（他通常帶領炊事班和連內行李班，以及補給、文書等人員），排長除我之外還有一位代理排長徐英傑上士（大家都稱他為徐排附，他是個有作戰經驗的老兵）另外有一位資深的上士班長也在代理排長職務。其次是對於敵情不太清楚，例如望城崗附近有沒有敵人據點，西山進出要點路口有沒有敵人所駐營房（中隊以上兵力），維持會的組織情形也不確實了解。更使人覺得不方便的是——沒有軍用地圖，也沒有民用地圖，只是靠當地的居民提供一些消息和帶路。最令人不解的乃是對任務目標都不先行偵察地形敵情……而草率、匆促行動。……完全不理會軍事典令中的原則與規範。因為連長以上幹部多是有「經驗」的老兵，他們對於軍校分發來的小排長，認為什麼都不懂，而又不肯多予指導（機會教育）。以致抗戰前期很多少尉軍官在戰場上碰運氣學習「打仗」，所以傷亡率很高。在野戰部隊的連級單位內，當時很少有軍校出身的基層幹部。這種情形一直到民國三十二年美援器裝備來到之後，方才逐漸改善——新式武器提高了基層幹部的學術水準，軍校畢業生漸受重視，同時軍事典令亦廣受遵重履行。

我遵照連長的口頭命令，帶著一排人沿著公路由東向西搜索前進，遇到要破壞的目標停下來，先派出警戒兵，決定要動手破壞時，一部分人員利用地形佔領掩護位置，讓作業人員能夠安心進行工作。大多是用小量炸藥爆破大涵洞和小石橋之頂部，以妨礙車輛的通行爲目的。就這樣地進行，破壞了七八處，已是天色漸亮，弟兄們忙了一整夜也都累了。乃以戰備行動，回到預定的與連主力會合地點，見到連長報告執行任務情形……。連長指示找地方休息，沒有提到任何事情。稍歇，有一位班長告訴我——「他們在嚮導帶路之下，派出一個班的「尖兵」，搜索前進很慢。當走到大木橋上面，碰到日本鬼子，在先頭走的副班長措手不及就被打了一槍，要上前搶救時，很多鬼子兵在橋那頭跑過來……。副班長倒在橋面上一動也不動了，沒有能夠救回來。因爲敵人已有準備，埋伏在那邊橋頭上，我們就這樣回來了。」我很累，想睡覺，我排的任務既已完成也不想多管其他的事，就睡吧！聽到叫排長起來吃飯，已是下午了，初夏天氣不很熱很舒適。又是準備要行動了，連長沒有表情也沒有說什麼。連長在「尖兵」後面，跟著走，我帶著第三排走在最後面。一路上走走停停，像是有狀況？又像是走錯了路？隨後，到了一處小高地上停下來休息。連長慢慢地走過來向我說：「陳排長，我已叫器材上士帶兩個器材兵準備好了爆破炸藥，你帶他們和兩個勇敢弟兄（陳忠、陳清），去破壞那個大木橋。」班長們也走過來了，以爲是「全排出動」。我了解——是由我帶五個人去進行「祕密破壞」！一會兒他們五個執行任務的人都過來了，先檢查爆破器材——乃是用一節大毛竹，削掉半邊，把方形黃色藥包塞在裏面，用布條綁妥，有兩套引爆雷管：其一是用導火索點火的；其二是在有雷管的方形藥包外綁著一個木柄手榴彈（必要時可以拉火繩引爆手榴彈及炸藥藥包）。兩個槍兵都是驃悍的樣子。我自己想到——既然長於劈刺和射擊，乃把手槍交給陳文江上士，帶了他的「中正式七九步槍」和三排子彈。

陳清在前帶路——他昨晚來過，我們五個人跟著走，不到一公里就到了橋頭邊。我先聽到大牛皮鞋走在木板上的聲音，接著在晨曦中看到了日本哨兵相距約四十多公尺。陳清和陳忠已分別臥倒在橋頭引道的兩邊，我緊靠在陳忠的旁邊。這時爆破班三個人，從我的右側潛行下河床去，到橋底時，看到哨兵向橋下探望……舉槍向下射擊，陳忠開槍將日本哨兵打倒在橋面上。……我聽到那邊河堤上有叫喊聲音，立刻看到一片刺刀影子在晨光中閃耀，有數十名日本鬼子從河對岸越堤向我們衝來（河中可徒涉）。幾乎在同一時間有一大片子彈的火光在我的頭頂上很接近地飛過去，接著才聽到「白朗寧輕機槍」的吼叫聲，從數百公尺後面的一帶小高地上傳過來。在對面日本鬼子的刺刀亮光看不到了！爆炸聲和機槍聲響徹了晨空，忽然之間又一切歸於沈寂了。我利用地形奔向小高地，到達時一個人影也看不到！令我很失望。等了一會兒，沒有鬼子兵的動靜，也沒有看到其他同行五個人的蹤影！當時使我想到幾個問題：

其一、這是一次祕密破壞？還是強行破壞？

其二、我們自己連主力的六挺輕機槍、不分敵我的掃射，是對的嗎？

其三、日本鬼子兵為什麼沒有追過來？

由於一心只想找到連在那裏？要等到停下來，冷靜地想，再來考慮上面的幾個問題。

當天下午我找到了連的主力，班長們都慶幸我能夠回到連裏（陳忠和陳清也都先後回來了）。關於在「望城崗橋」的情形，他們在用輕機槍掃射時都看到了，所以我也不用再向連長報告。……認為打倒了很多敵人，卻也犧牲了器材上士和兩位士兵。我很累也很餓，弟兄們送飯來吃，送水來喝。……的確很累，也不去想其他的事，一直睡得很久，醒來時已經是第二天了。

(三) 使用工兵排攻敵陣地的時機與火力支援：

1.陸連長命我帶人先到營部去

那天吃過中飯後，連長對我說：「營長在雙峰嶺附近，叫本連趕快過去。我有事要去見步兵團長，陳排長你先帶人過去，我隨後就來。」

受命後，我告訴班長們——半小時後行動……先把武器擦拭好，服裝、背包弄整齊。山區初夏不太熱，在突擊部隊控制地區內行動，敵情顧慮不大。我帶著一排人輕鬆地去找工兵營部。

2.見到了營長時，他說——「你去把雙峰嶺拿回來！」

走了三四個小時，來到一處有小叢林的路邊，卻發現營長（朱萬斛少校）帶了幾個揹手槍的士兵在那裏待著。見到我時很高興……往後面望去，似是只看到我這一排人，有一些疑問！停了一下，他說話了：「陳排長你來得很好，趕快弄飯吃，吃完飯去把雙峰嶺拿回來。」話聲一落掉頭就走。我楞住了！炊事班還沒有來，怎麼弄飯吃？那兩個山頭，不是由步兵營犧牲了很多的人，攻佔了嗎？怎麼又叫我帶一排人去拿回來呢？正迷糊中，從前面來了三四個人，那是我曾經見過兩三次面的「翟排附」。他先向我打招呼，我不經意的問他——「你從那裏來？做什麼？」他無精神、沒力氣的答話：「連長帶人走了，陣地已被日本鬼子搶回去，連長叫我在後面等著，看看還有受傷的人沒有？」這時候我才恍然大悟！第一連守不住雙峰嶺，連長李玉珍少校帶著全連跑了。……所以營長下了一個讓我聽不懂所以然的「怪命令」！我稍明白後，把一排人帶到有掩蔽的地方停下來先休息再說。班長們也弄不清方向，都在等著聽我怎樣安排。

3. 陸連長派徐英傑排附帶一班人來幫忙

不久，我們的連長來了，他似乎已經知道營長所下的命令。直接了當地對我指示兩點：（1）我多給你一班人，由徐排附帶過來，並且幫你指揮攻擊；（2）伙夫已在做飯，會送飯菜、茶水過來。不待我是否有所請示，忙著就走了。半點鐘後，徐英傑來了，後面跟著一班人。我先讓他們找個位子坐下休息。這時太陽已快下山了，我和徐排附請四位班長靠攏過來商量——如何行動？他們請我先說，這是我第一次「實兵練習作戰」，我有「自知之明」，還是請徐排附告訴大家怎樣做才好？徐英傑不讓我為難，他提出了任務分派的意見：「雙峰嶺有兩個山頭，北方的較大，南方的較小，我們就是攻下了北邊的山頭一排人也守不住（第一連的撤走可做教訓）。由我（徐自稱）帶兩個班在前，排長帶兩個班在後，登上雙峰嶺山頭再說，什麼時候開始攻擊由排長決定。」對於徐排附的任務分派大家都同意，關於攻擊行動開始時間——大家認為「夜間攻擊」較好。於是，我最後宣布——「同意徐排附的任務分派和佔領山頭後的處置意見；由徐排附帶第七、八班在前，我帶其餘兩班跟進；攻擊行動在天剛黑就開始。」大家馬上準備（把背包放在此地隨後來拿），吃飯後待命前進。

4.到天剛黑時，大家依規定祕密前進……我們先登上南邊的山頭；徐排附帶著人繼續向前去，不多久一陣手榴彈爆炸聲和相繼的機槍聲傳來，片刻也就靜止了。……半個小時之後，徐排附派傳令來向我報告——對敵方山坡不陡，北山頭較寬，不易防守，請排長固守南邊山頭，敵人退到山下不遠。

5.次日清晨，手榴彈爆炸聲傳來了警告的訊號，雙峰嶺南山頭的戰士們都警覺到一場戰鬥又將開始。天大亮了，北山頭有一陣激烈的槍戰聲，接著已有我們第七、八班的人疏散地向南走過來。我們全神貫注看著對面的山頂，用火力制壓住敵人以掩護撤回來的弟兄們，在後面走過來的乃是徐英傑排附，當他到了掩蔽的位置時，離我僅有數十公尺之處，我叫他到右後側山頭去佔領陣地（他聽懂了）。

6.雙峰嶺南北山頭的戰鬥情形：兩個山頂相距約百多公尺，雙方的機槍都不能隨意暴露，一不小心便會受到集火狙擊。敵人開始使用步兵平射砲（口徑約五公分）攻擊，可是南北山頭一般高，相距又近，把平射砲放在「稜線」後面射擊——砲彈會從陣地的上空飛過去打不到我們，又不敢把平射砲推到山頭「稜線」上來。他們的重武器發生不了威力之後，又想用煙幕彈投射到我們陣地前面的山坡上，企圖利用其掩護實施日間攻擊，但是山區夏天多西南風，反將煙幕吹轉北山頭去。而我方工兵部隊當時裝備落後，沒有重機槍和迫擊砲等重兵器，用以摧毀敵軍。在這種狀況下，遂形成雙方對峙，只能互相以狙擊手來射殺對方人員。在我左邊的狙擊手是勇敢的陳忠，一不小心暴露了上半身，便被鬼子兵趁機狙擊胸部中彈而陣亡（當時我曾再三告誡他，不要挺起上身向前觀察……）非常惋惜。同班弟兄們在「反斜面」的山坡下，挖了一個深坑，用軍毯將遺體包好，讓他長眠於雙峰嶺南山頭之下，在我們有生之年都不會忘記這位英勇戰士！

7.在日正當中時，陣地裏雖無激烈的槍戰，但仍瀰漫著一股火藥氣味。連部的人不辭辛勞、不避危險的送茶水和飯菜來。在對戰中，經常會忘記了「吃飯」，但爲了保持「戰力」，不能不補充「燃料」，爲仍能監視敵情，我們是分批輪流「加油」的。大家非常感謝送飯食來的弟兄們，把飯菜吃光，將茶水小心地灌進水壺裏慢慢喝！

下午三點多鐘，步兵前來接替任務，相對單位交代，我把敵情地形向來接防的排長說清楚之後，準備要分批行動了，接替的排長又問了一句話：「你們是一個工兵排嗎？」我說：「是的」。他似乎是要「肯定一下，才放心」。我在猜想——當面之敵（日本鬼子兵）八成不會相信，與他「頑」了一夜、一天的「敵對者」，居然是一個工兵排？

依照規矩行事，徐英傑排附在等我們通過之後，才「收兵」（已交代友軍清楚），以疏散隊形跟隨行動。回到連集結位置後，我向連長報告：「陣亡二人（陳忠、包木樹），受傷五人（都是輕傷），並請補充彈藥。」連長點頭，沒說什麼。

8.連併編爲兩排六個班。稍爲休息之後，連長集合全連，重新編組：連部由特務長王貴昌負責，有文書士、補給士、司號、傳令、器材班及炊事班、看護兵等；第一排有三個班，由徐英傑排附代理排長；第二排也是三個班，第四班班長陳文江上士、第五班班長李仁厚中士、第六班班長羅貴興中士，另有一個傳令兵，歸陳排長帶。全連還有一百餘人，損失不大，休息整理了兩天，待命行動。

9.眞難忘記朱營長的「預言」。休整兩天後的第三天要行動了，是出西山。上午出發。第二連在前，我當尖兵，帶有一位嚮導，走山路繞過日軍在山頭駐守的關卡。下午四點多鐘，大概已走出封鎖線，行進間營部傳令班長賀得功從後面趕來、大聲叫道：「陳排長！營長叫你停下休息。」我回答：「你告訴我們連長沒有？」（賀說沒有），「那麼你先向陸連長說吧！」（賀很不高興）。隔了一會兒，連部傳令兵來說——連長說是要大休息。我就停下來了，同時在前面及另一側派出警戒兵。黃昏時又繼續走了，到達一條河邊的大沙灘上，連長趕到前面來說——營長要在這裏「訓話」，他來指揮全營成講話隊形，然後等營長走過來。朱營長精神很不錯（因爲已到達安全地區了），先叫大家坐下……停頓了好一會才開口，先講的一些無關緊要的話，好像要批評什麼「重要的事」……「又煞車了」，大家沈默地等待著。忽然聽到他叫「陳排長」！他的眼睛望到我這邊（皓月當空，沙灘反光，很亮。）……我想到大概是叫我（因爲全營的排長很少了，也只有我一個人是姓陳的），就站起來了。營長又停了一會（似乎在想什麼），大聲地對著我說：「陳排長！中華民國多你不強，少你不亡……」又停了一下，「好吧！休息一個小時，再走。」營長離開後我才坐下來，可是，我聽不懂他說的是什麼意思（似是「預言」）。旁邊的班長認爲是「營長想罵排長的，但話說不出口，又呑回去了」。我明白了，那是賀得功向營長添油加醋吧？說我不接受「營長叫停止前進的命令」！當時我有點奇怪，怎麼他們老是不按規定做事

——越級指揮的（數天前越過連長，叫排長攻擊雙峰嶺；今天又越過連長，叫「尖兵」停止行動）。在河邊沙灘上，月光下大休息，很涼爽許多人都在打瞌睡了。可是還得繼續走到可以宿營做飯的地方，聽說，這次我們要到分宜附近去「整訓」。

二、我進入西山敵後突擊，當年的「反省」

（一）關於「強行破壞望城崗橋樑」的掩護問題

陸連長命我帶五個人去實施破壞作業，明知日軍已有防備，而掩護責任乃由連自行負擔。掩護兵力位於「破壞組人員」的後面，似爲「支援」方式，並不能使作業人員安全進行著工作，以確實保證達成任務。且於天明時分，發現護橋之敵數十人越堤出擊時，以六挺輕機槍在相距五百多公尺的有效距離同時「掃射」，可能使敵我暴露人員同歸於盡（據說打倒許多日兵，和器材上士及兵也可能同時遭殃。但也阻礙了敵人對我及二員槍兵的追擊行動。然對於破壞效果殊爲不利，給予敵方易於修復的機會。

凡是賦予下級任務時，應該考慮到其能達成任務的基本條件。明知敵軍已有保護橋樑的兵力和警覺，而在我方「爆破組人員」之後方設掩護線是不合情況需要，也不符合指揮原則與道德良心的。

（二）關於以一個工兵排去攻擊「雙峰嶺」恢復原防守的陣地。應該檢討的事項有：

1.工兵營有三個野戰工兵連，在當時，原來負有防禦雙峰嶺陣地責任的工二連，未經激烈戰鬥傷亡輕微而無令棄守，潰散卻不立即收容集結，並嚴令其「恢復所棄守的陣地」，實爲失職。工二連已經在步兵團附近集中，也可令其速爲前來，而使用一個連的兵力去「拿回既失陣地」方爲得宜。至於其他工兵連那裏去了？也應該考慮到。

2.草率使用一個工兵排去「拿回陣地」，有沒有考慮到使其能達成任務所要的基本條件？一個連守不住的陣地，而派一個排去「拿回」並要守住，似乎可以斷定「兵力不夠的」。又工兵排的「火力」不足，應給予他攻防的火力支援——沒有！

3.工二連陸連長趕到後，實應自行建議，全連去執行「拿回第一連不戰而退的陣地」才是「合理」。爲什麼仍然師法朱營長，在一個毫無作戰經驗的排長，帶著一個排（工二連三分之一的兵力）去拼運氣呢？

4.不過，陸連長還是有「指揮道德」，他即派有經驗的徐英傑排附帶一個班來幫助我。否則「這一齣戲」不知道會被我——自導自演成什麼樣子。當然我更是感謝徐英傑的誠心相助，身爲表率的軍人本色。

5.我和徐排附於第一天實行「入夜即開始攻擊」，於攻佔雙峰嶺兩個「峰」之後，即衡量地形、兵力，決定固守南山頭，這樣一來就讓日本鬼子的「步兵平射砲和重機關槍」發揮不了威力。不過我們還是有些「戰運」，鬼子沒有「迫擊砲」和槍榴彈，否則我在南山頭就很難「玩」下去了。

貳、繼續見學部隊作戰行動

一、參加「上高會戰」

自民國二十九年（一九四〇年）六月間，完成西山敵後突擊任務後，工兵營到分宜附近從事整補，準備做較長時期的「整訓」任務。由於工二連在前數個月中屢次連續執行艱辛任務，幹部比較勞累，且飯食生冷不潔。故染患「副傷寒病」的有好幾個人，我亦是其中之一。雖經營部徐醫官悉心治療，幸均能免於「後送住院」而痊癒。我因從來沒有受過「這等磨練」，身體復健較慢，適在此際由陝西那邊家長寄來「白木耳」一大包，我遵照信中所示方法煮湯服用。（除了感謝家長的愛心和徐醫官的耐心診治之外，更令我感念的乃是「軍郵」制度，在那樣烽火遍地的情況下，還能讓戰地與大後方互通「家書」！）

（一）駐守錦江南岸「灰埠」渡口、要道，以為警戒

灰埠有一條小街數十戶人家，東北方距高安約為四十多公里，西距上高約五十公里，西北方到棠浦約有六十多公里。其附近多處為小山頭，可以據守控制兩岸交通，因而形成一個警戒要點。通常設有一箇稱排哨據點，作為大部隊整訓時的安全警戒。據點離小街約有兩百多公尺，在

錦江上架設有長九十多公尺的木舟浮橋作爲軍民人員通行之用，此處錦江水深不能徒涉，但可以行船，由於戰亂往來船隻減少，浮橋可以依時間開放讓民船通過。

我擔任灰埠的排哨任務先後有兩次，每次兩到三個月換班。有三件事情是值得一提的：

1.勤於管教：凡是離開排哨人員，均須先向排長報告得到允許方可。每天早晨全排人員（除夜班人員及現值勤哨兵外）均須參加早操運動；日間則以加強工事整理環境爲經常工作，有時亦作其他活動……。

2.到錦江北岸執行巡邏任務，通常由排長自行率領，據點則由排附（陳文江上士）及留置人員負責看守。過灰埠浮橋到北岸一帶，多半人煙稀少，有如「無人地區」——因爲日軍亦常有小部隊到這一帶活動，偶爾會與我方巡邏人員碰到而發生槍戰，老百姓多離開遷居。我每次帶隊進入「無人地區」時，不會深入太遠，適可而止。若碰到野兔、野狗時，自己會練習用步槍射擊，而把獵獲物帶回給全排加菜（當時國家困難，部隊補給不足，亦無錢購買肉類以充營養。）

3.每逢年節之時，營、連長會通知排哨設法「送魚回去」——理由同前述無錢可購買魚類。我的方法就是「使用少數炸藥到深潭之處，墜入水中爆炸；而僱用「魚鷹」飼主協助捕捉，每次可獲數百斤大魚，送回連、營部去。排哨也可以留一部份魚，但買不到鹽來煮，於是到灰埠小街買「鹹魚或者鹽很多的鹹蘿蔔乾」來和「炸來的魚」一起做來吃。……我有嚴格規定——不准班長帶士兵去炸魚，因爲他們使用炸藥不熟練，會出事情的。我對於使用爆材有信心，所以要由自己來做才放心。

（二）民國三十年（一九四一年）三月二十一日，陸連長告訴我——「要於一天之內完成官橋橋樑的破壞準備工作，你帶器材上士王玉山和所需人員、器材，立刻開始行動。破壞點火時間，由五十一師守官橋的步兵團長決定。」因爲我連就曾住在官橋附近，對地形、河川與橋樑情形較熟悉，也不用請示什麼。我找王玉山上士來共同研究如何著手進行工作就可以了，以下是「執行任務過程的概要」：

1.偵察與破壞計劃方面：一座磚石拱橋架設於一條可以徒涉的小溪之上。橋長約七十公尺，有五個「拱形」。預定破壞其中間之一拱形及兩個橋墩（橋腳）。目的在阻礙日軍車輛通行，及修復使用稍爲困難（短時間不易使其能通行車輛。用外部裝藥方法，併用電氣點火及導火索點火。

2.先以「拒馬」阻絕向敵方通行之橋樑引道，禁止人員通行。有關作業時的安全掩護由五十一師防守官橋的步兵部隊負責，其點火炸橋的時機由步兵團長決定（但在日軍奇襲時，工兵應立即起爆）。

3.工兵作業人員：排長（本人）、器材上士王玉山及器材兵二員。只攜帶所需工具機械和預計所需爆材炸藥等。點火位置設於我方橋頭旁小屋內。茶、飯準備，請附近「老表」代辦（付費）。參與作業共四人均不帶武器彈藥，俾能專心迅捷進行爆破工作。

4.三月二十二日上午，五十一師工兵營派中尉排長呂步美（軍校十四期同學）來，執行同一任務（破壞橋樑），見面協商後，分配工作如下：

（1）呂排長負責連絡步兵團方面的「掩護」情形及團長決心「點火炸橋」時機的迅速告

知。

（2）陳排長負責炸橋諸般工作，於三月二十二日下午完成一切「爆破點火準備」待命動作。

5.三月二十三日上午十時餘，呂步美中尉跑步前來告知團長命令炸橋。我叫王玉山上士立即「點火」，他以右手用力壓下「點火機」，一聲「巨響」……磚石向四面飛去……此時低空正有一架敵偵察機飛過——想必會嚇一「跳」！

6.任務達成，帶著工具、點火機及電線向上高城行動。走不多遠，在一條長長的小高地附近碰到幾個「窮凶極惡」樣子的五十一師「督戰隊」，提著「木殼槍」大聲呼喊：「那個單位的？不准往後走！」我答：「軍部工兵營的」。再問：「幹什麼的？」我答：「爆破橋樑。」又問：「到那裏去？」我答：「回軍部」。我們四個人從「督戰隊」身旁走過去，看到王玉山上士手上提著電器「點火機」。問道：「你帶的是什麼武器？」王答：「點火機」。後邊站著一位軍官拿著望遠鏡，好像是陳傳軍副師長（很有名氣的）？我們要趕路，也就走過去了。

7.當天下午黃昏之前，和在錦江南岸上高城東郊工二連會合。陸連長立刻告知新任務：「陳排長帶第二排立即行動，維護上高浮橋的「安全通行」。

（三）以軍工兵一個排維護上高城浮橋的安全通行

上高城位於錦江的南岸，此處江面寬約爲百多公尺。跨江有兩處橋樑：主要的公路橋是在城東側近郊，構築很堅固；於其上游相距約三百餘公尺的老渡船口位置，設有木舟浮橋以便利街市人員通行。時値春季無大雨，河川平靜，維護浮橋方便。關於任務的執行簡述如下：

1.三月二十三日黃昏即率排到浮橋橋頭，分派兩頭哨兵，指定輕機槍陣地位置，並預爲準備：堵塞彈孔用的「木塞子」、木勺和水桶等。次日，鬼子飛機臨空，不知是否爲了好奇？浮橋上的「中國兵」不怕飛機？於是往來用機槍掃射「浮橋」，它飛來時……工兵往水中跳；它飛走時……工兵往「木舟」上爬。它不知道「工兵」是會玩水的！就這樣「耍了一個白天」。

2.三月二十五日，敵軍開始攻擊上高城對岸高地，日機也加入戰鬥，五十七師的步兵們找到機會，練習對空「集火」射擊——打下了一架……另一架冒著煙飛跑了。工兵們一邊在看「陸空對決」；一邊還忙著「救木舟」。二十六日，戰況激烈，情報顯示敵人便衣隊可能滲透到河南岸，上高街市被投下很多燃燒彈大半焚毀。

（四）三月二十七日晨，我率第二排前往，與第一排「交換任務」。我帶全排去到「下游」三百公尺，據守公路大橋北岸的「橋頭堡（並無堡壘的，只是兩間磚瓦屋）」。而浮橋則由本連第一排擔任維護。（聽說是，第一排新來的上尉排長沒有「戰鬥經驗」……長官不放心，而且已在大橋上守了三天辛苦了，應該交換任務。）

我接受並到達新任務位置後，有兩項重要措施：其一、立即開始加強據點工事及刺絲網；其二、建議連部於大橋南端指派人員負責警戒，並對車輛、人員管制。入夜之後以二分之一人員擔任警戒；另二分之一作爲換班及支援。……第二天清晨，槍炮聲最爲激烈，到下午則槍聲漸稀，入夜後，連部送來陸連長字條，上有兩句話：「本晚要嚴密警戒，明天上午有新任務適時會通知你。」

（五）三月二十九日上午九時左右，陸連長來到本排，當面告知：「馬上準備全排出發，向官橋搜索前進，到達後，迅速轉回上高，所見情形面報（當年排級單位尚無適切通信工具或裝備）

大約一刻鐘之後，全排集合，宣布任務，檢查武器彈藥、背包、水壺、米袋，……。立即沿公路搜向官橋方面前進，通過錦江北岸山地時，竟然毫無動靜。從上高到官橋只有十六公里，一路上用疏散隊形前進，只看到五十七師的幾個通信兵。不覺得就走到了「官橋」，日本鬼子跑得快……影子都沒有見到！追擊的中國兵也跑得不慢，奇怪的是，連一個落伍兵都看不到？小街上也沒有一個老百姓。我真不忍心再看到被我炸壞了的橋！不知道什麼時候再能重新修復起來？不要多想了！本排奉命只能搜索到此，幾乎連槍聲都沒有聽到，很無聊嗎？一個弟兄提醒說——「我們帶了米和鹹菜，要不要自己做飯吃？」對了，我們找一處能「立住腳」的地方，派出警戒，各班自己做飯吃，休息一個半小時後就回上高去。

（六）尾聲：

1.再看上高街市一眼——它被日本飛機投擲下很多枚燃燒彈，引起了大火無法施救——根本沒有消防器材！什麼時候才能重新建設？我曾奉命固守「橋頭堡」的上高公路大橋，被日機投中一個約一百公斤的炸彈，在大橋中段造成橋面上一個大坑……可見工程的堅牢……但也得修復才行！

2.趕回上高錦江南岸的近郊，已是三月二十九日的黃昏，把搜索情形——如前述，報告陸連長。（當晚我這一排人就吃了一餐飽飯，接著睡了一個好覺。）

3.次日上午，自上高東郊出發，要到分宜附近去：……朱營長命令工二連走後尾，收容落伍病號等，陸連長馬上「轉帳」給我——「陳排長在大路口多等一會兒吧！」等了個把鐘頭，沒有一個人影子過來，正待「下令」要走時，忽然見到後面不遠有兩個穿軍服的人，撐著小竹棍很辛苦似地走來。我要「收容病號呵？」，等他倆走到我近旁一看……眞想不到！卻是營部醫官孫立田上尉和年輕的中尉書記官二人結伴同行。我忙說：「先坐下休息，那裏負了傷？」孫回答：「沒有，我倆是『遭了』！」，我不明白「遭了」是什麼意思？孫說明：「有姑嫂兩個是從高安那邊來的，眞不錯，所以……。」我還是懷疑說：「你不是醫生嗎？會察顏觀色的。」孫苦笑一聲，轉了話題，問我：「怎麼？老是看不到你。」我說：「一直都有任務。今天奉營長命令，殿後，收容病號，我怎樣幫你們兩位？」他倆同聲回答：「是吃藥反應，很疲勞，可以慢慢的走。」

二、參加「第二次長沙會戰」——實際並未參與作戰行動，但卻很辛苦

（一）先行磨練「同甘苦，共患難」的義、勇精神

1.上高會戰勝利結束，工兵營移駐分宜池塘村進行休整。身爲第二排排長的我，開始正式

「掛上值星帶」（連值星是全紅色帶子），早晚點名、連營長集合訓話、規定清理環境（包括挖蓋廁所）、檢查頭髮、指甲、設置曬衣場、分派帶班領米、上山打柴……等等，忙得不亦樂乎！本連仍然只有三個軍官（連長、特務長和我）。可是也有「安慰」之處，弟兄們爲我設置了「辦公室」——在一個窗戶之下，用野竹子圍了一處三、四公尺寬的小地盤，借來一張單人床、一張小書桌、一張木凳，很像個樣子。我問本排的傳令兵（姓姚）：「他們是怎樣借到的？」答稱：「第四班班長向一位老先生說：『我們排長是黃埔軍校畢業的讀書人……』於是，就對我們很客氣。」這才讓我想起這一年多來根本沒有看什麼書！大部分時間都在做「玩命的事」。在床頭拿過來我的「圖囊」，打開看看——裏面還有三本書：步兵操典、陣中要務令和同學錄。一下子想起……好像忘了什麼重要的事，原來是很久沒有「讀書、寫字」！很懊惱，算一算，已經一年半沒有正式摸過書本，和拿過毛筆了（我的「新民牌鋼筆早已不見了——買不到藍墨水」）我坐在床邊上慢慢看著我的小房間，啊有點不對！四四方方的，每邊有三公尺多（等於是一丈長），我怎麼成了「方丈」中人呢？摸摸頭髮還很多很長，正在出神時，傳令兵在竹門邊說話了——「報告排長！理髮兵有空了，你不是要剃頭嗎？」急忙回答——「不是要剃光頭，是要剪平頭。」

2. 營部軍官告訴我一個「好消息」——我們工兵營將擴編爲「工兵團」，下轄四個大連「將由要塞工兵團撥一個「築城連」過來。」我們的新任團長是五十七師一七〇團團長孫進賢上校調來，過幾天就要到差了。

這個「好消息」，引起了我的傷感——我們工兵營正式的排長（軍校畢業的）只剩下兩三個人了！我關心的是「補充基層單位」，其他的事與我無關！否則，我這個排長做不完代表「工兵軍官」的任務。

3. 如上所述，過了幾天，一切就緒了。孫團長到差了，還有一位新來的上校副團長，我們的朱營長成為中校團附。要塞工兵團撥過來的一個連，編為軍工兵團第四連。在我們的感覺似乎是沒有什麼不同。工二連卻新派來一位上尉連附劉熙，他是十四期工兵科的，對連裏似乎沒有什麼改變。大概是到了七月間，日本飛機忽然對分宜一帶家屋展開轟炸——似乎是對七十四軍部隊的襲擊、擾亂、我們根本不理會它！

有一天上午，陸連長找我去，說：「朱團附要派你帶幾個人到分宜城去移走「一個炸彈」，不能在原地引爆（會炸壞很多民房）。奉命辦事，立即行動，我帶第六班羅貴興等數人去看看，這個炸彈是前幾天日本飛機投下來的，大概是有數十公斤的重量，斜插入小院子的地下，可能有一半在地面上。我們研商的結果是——將炸彈尾部用堅牢的繩索繫在一個三角架上，然後小心地用水倒入炸彈墜入的地面縫隙中，等到土質鬆軟後，再用粗木頭從穿進繩索結成的套中，慢慢地挖開，小心扛起來，抬往野外凹地中，予以引爆。在這全般工作過程中，每次只用少數士兵在做，其他人員退避一旁，並不准亂叫喊。大概費了兩三個小時工夫，我們幾個人便將這個「不可愛的怪物」搬走而且處置掉了。本排長及羅班長全程參與，以表現與士兵們「同生死、共患難」的袍澤情義。任務完成後，大家都很高興，但內心裏還是「感謝神佑」。次日聽說——「孫團長回到團部後，得悉逕行派『陳排長去挖炸彈』的事，有些不太高興。」我想工二連就在團部附近，而且只有一個工兵科正式出身的排長，怎麼說也是「只有如此的」。可是我也很「冒失的」，因爲工兵軍官並沒有學習過「挖眞的未爆炸彈」，何況當時一件適當的工具裝備都沒有！至於那幾間舊瓦房是不值得用本排長帶一個班士兵去「冒險挖來搬去」則又另當別論了！也許「孫進賢團長可能會想到這一點上」？

(二) 執行不相同的任務：

1.想不到的事又發生了！民國三十年八月間，奉命調本團工四連中尉排長，同時調工四連的還有兩位少尉軍官。因爲工四連原來的編制不同，而且近乎「老百姓」的團體，一點「野戰性」都沒有，對軍紀、命令的認知也不一樣，所以派了我們三個人過去，是爲了轉移「風氣」的。我到工四連第一件不習慣的事，是夜晚在枕頭邊少了一枝自來得木殼手槍，早上起來到處看不到「槍架」，只有幾枝破步槍是用來站衛兵的，更看不到捷克式或白朗令式輕機槍。還有就是常會不自覺地想起我比較喜好的兩件事：第一件，我去打鳥時可以用這種破步槍嗎？它只能把鳥嚇飛掉；第二件，我用什麼到深潭中去炸魚呢？過年節連裏吃什麼？有時也會覺得好笑——今後少了兩項公差豈不是輕鬆些了！現在帶的是什麼班呢？乃是木工班、鐵工班、水泥工班！又在排長的「麾下」沒有了叫「班長」的人，換成了什麼——一等技工長、二等技工長的！總而言之，一時是很難習慣的。

新的問題又來了，聽說要去參加「長沙會戰」，我想到不會再叫我去「強行破壞什麼了吧？」也不會叫我帶一群技工老百姓去攻佔什麼山頭了吧？那麼看他們會怎樣差遣我呢？我眞想不到會去接受什麼「任務」？

2.九月初，新上任的第四連連長劉占山少校很客氣地對我說：「明天上午九點鐘，工兵團孫團長召見你，有事情交辦。」

次日見到團長時，他說明——「要我帶一排人押運新的工兵器材到株州車站再轉鐵運……。同時要照顧本團軍眷行動，……因為大家信任你可以完成使命，出發時間在本團的後一天。」這又是一件我意想不到的事情，我本來是帶「兵」的人，現在竟然要我帶一大群男女老百姓（工四連的人員幾乎與老百姓相似），可以預想到八成會很痲煩的。

我們這個特別「縱隊」的行進速度比較慢，每天只走五十多華里，將就有村落的地方住宿（工兵器材是以獸力車輛搬運故行動緩慢）。但大家都能相互協助，一路上都尚稱順利平安。在行軍中意外的發現有人坐著大轎子，跟隨著三四個軍人在後面，很神氣的樣子，和我們混在一起走了好幾天。原來是軍部的總務處長太太坐在軍長平時行軍用的轎子裏。相形之下，本團的女眷都是走路的，而她有人跟班侍候，從不與我們打招呼，所以令我們很不樂意看到她。

3.民國三十年（一九四一年）雙十節稍後，我們到達株州火車站，這時候長沙方面會戰已結束。同行的工兵團軍眷已有人來引導乘車；我們一排人就忙於搬運工兵器材上火車，要運到衡山去，弟兄們很辛苦的從夜間工作到次日上午，才搬完，正在休息——睡覺。我聽到有人大聲叫喚：「這單位由誰指揮？」我起來靠著篷車的門看看……好像是軍部的「總務處長張武坤」，我答：「是工四連陳排長。」張某用命令的口氣：「叫他們起來！」我問：「什麼事？」張（不耐煩了）：「替我搬東西！」我說：「弟兄們搬了一夜工兵器材，才休息。」張：「你不聽話？」我不知如何回答才好？遲疑間……他的右手向我臉部打過來……，我直覺地要保護自己，左手舉起一擋（的確未用力反擊）。張受不了……大聲叫衛士過來，排長敢打我！兩個衛士離我們只有五六步，眼看到處長動手打人，怎麼這麼無恥耍賴？我氣得講不出話來。那個女人把張某拖走了……。我坐下來在想……怎麼老是遇到這樣不講理的人呢？今天幸虧帶來的是數十名半兵半老百姓的「專技」人員，如果是工三連上弟兄們的話，他們看到排長受委屈，恐怕會……。我向一位資深的「一等技工長」的班長說：「我要去透透氣，火車到衡山站時你向部隊連絡……。」

株州的街道很小又短，走不多遠就看到參謀處長邱耀東上校坐在一個小館子裏，我想回頭走已來不及。他叫我進去坐一會，問我：「爲什麼會到這裏來？」我告訴他我受領的任務情形後，便想離開。……他說：「看你的情形好像有點不對？有什麼爲難的事可以說清楚。」到七十四軍已經快兩年了，和邱處長見面多次，他比較沒有官僚習氣……。我便把和張武坤處長的「不愉快情形」向他說了。聽完之後，他說：「不會有事的，跟我一起坐汽車回軍部去。」到衡山軍部之後，我不甘心受這種「委屈」，忽然想到去見軍長說清楚才對。於是見到了軍長王耀武將軍，向他報告主要有三點：（1）士兵搬工兵器材上火車一夜未休息，讓他們休息一會兒，再作事，並沒有說不替張處長搬東西；（2）我並沒有和張處長爭論，他舉手打我，沒有打到，反說我和他打架，我眞的沒有打他。（3）我們帶著工兵團的軍眷十多位，一路上走路十多天很辛苦，張處長太太坐著長官用的行軍轎子很神氣，令軍眷側目！

軍長聽完報告之後說：「我知道了，年輕人以後不要和人家鬧氣，回團去吧！」

第二天，軍部有人說——張處長被軍長「修理」了一番。後來，團部的人告訴我——張處長曾打電話給團長說——你管一管你的排長吧，他到軍長那裏「亂告狀」，害他挨罵一頓。（事後，團長並沒有提起這件事）。

4.反省：張武坤處長碰到陳排長，乃是兩種完全不同類型的人在毫無「預料」的情形之下，「不意」相遇，很容易出事情！我認爲「排長」是「不知利害」，要求他有「修養」是不容易的。「處長」是比較懂得「世故」，面對一個小尉官發發威風是很「正常」的事。

在當時，我就很感謝邱處長耀東先生，他能看出我是在和人「鬧氣」而安慰我，帶我一同回到軍部。

王耀武將軍的一句話——「年輕人不要和人家鬧氣」，一直到現在還「言猶在耳」。當帶兵官的人千萬要記住「愛護士兵」，因而受些委屈，也是應該的。

(三) 尾聲：

1.民國三十年九月上旬，七十四軍由江西分宜出發，急行軍，夜以繼日跨越瀏陽河，企圖向長沙之東北方前進，截斷日軍的退路。故在焦溪嶺山間隘路地區日間受敵機攻擊，而強行通過，招致非常嚴重的傷亡。由於部隊得不到休息，故在行軍時有「睡著走路」的怪現象。官兵非常疲勞，工兵團一位上校副團長新由後方單位調來，即參加這次行動，非常疲勞累到連一件毛線衣也拿不動了……，丟到路邊，被一位士兵拾起。於會戰結束之後，經人告知是副團長的，乃「物歸原主」。

2.十月中旬，工兵第四連在衡山近郊休整，幾個排長們爲重聚而慶祝——買了一個「羊頭」煮熟，飲米酒來會餐（當年無餘錢可上飯館），引爲樂事，數十年後猶未忘之。

三、參加「衢州會戰」

（一）工四連漸具有「野戰性」——官兵一體，嚴守紀律，甘苦與共。團部經常派我帶班（通常是一個排兵力）到軍部出公差，申請單位對我們很「客氣」，相應的也很努力工作表現良好。於是「陳排長」成了「出公差」的領隊專家了。有一次，爲了「懷疑」去向一位軍校學長請教……爲什麼這樣？他回答——「軍部承辦人不敢找你麻煩！怕你去向軍長報告……。你們團部長官爲了減少「問題」，所以會指定「要你帶班」。……我心裏在想——這總比帶班去「挖炸彈」輕鬆得多！其實我那裏會隨便敢去「見軍長」呢！

大概是我們的連長（劉占山少校）爲了鼓勵連內軍官的士氣，特別由他的「傳令班長」通知我們——「過幾天三十晚上（除夕），請各位排長、排附到家裏去，消夜玩牌。」……那天晚上全連加菜過年……多數的人是在——「吃飽了不想家」，軍官們卻多了一個「想頭」——到連長家裏去坐坐……。

九點多鐘，傳令來請我們一起過去。在一間客廳裏擺下了一張方桌，上面放著「麻將牌」和

「籌碼」。連長先開腔——「各位先玩玩牌吧！」依慣例，我是「發言人」——「排長們從來不賭錢」（實際上是無錢可賭）。連長說：「大年夜，你們玩玩不要緊的。」說完，他就進去叫人「端茶來」。我們不能呆在那兒！我輕聲告訴他們：「玩籌碼吧！結束後，一切不算的。」於是四個人坐下，一個人看，笨手笨腳地「打牌」起來，好像是眞的！進行的很慢，既不會抽煙，也不想喝茶……，我以日常帶班出公差的精神在「撐下去」。過了較長的「一會兒」有一位衡山小姐（大概是來幫忙請客的）端出來兩盤炒花生（帶殼的）——這是我們在抗戰期間的「高級享受」點心，在方桌的斜對角一邊放一盤，從這時開始，我的注意力轉移到盤子上面去。不經意之下，看到「白板」變成了灰黑色，我拿一顆帶殼的花生過來看，怎麼是「黑殼的」？我這個動作，引起了玩伴的注意……畢竟不愧是野戰工兵基層幹部，對事情的判斷力既快又準確——「問題」出在「炒」的方面，一般家庭主婦是用沙子和花生一起炒的，今夜這位衡山小姐是把帶殼的生花生放在紅鐵鍋裏炒給我們吃的，所以不但讓白板變黑了；可愛的「綠發」也染黑了。大家相視會意而不敢笑出聲來！畢竟這裏是不能「放肆」的地方。爲了不讓主人發覺，我照「剝」吃花生仁不誤，好在我褲袋裏帶著「手帕」，可用來擦手指頭。

「磨菇」（慢慢消耗時間也）到午夜，我已感到「吃不消了」，因爲自從軍以來，已沒有「守歲」的興趣，看同伴們已經是「兩眼無神」了。於是我起身向連長報告：「我們要告辭了，謝謝招待！」摸黑回到連裏，士兵們也熟睡了。我有一個「疑問」，無法提出來！她們爲什麼也在「磨菇」不肯煮餃子？

（二）工四連「首長」異動

民國三十一年四月一日，工四連老連長劉占山少校調工兵團部技正，連附張桂上尉受訓畢業回來升任連長，我則調升本連上尉連附。被稱爲「陳排長」……我習慣了，在工兵營第二連當排長有一年八個月，曾經——兩次進入敵後西山參與突擊戰鬥，第一回見學實戰在「太平里」，先是「排防禦戰」，後來是「排逐次抵抗」掩護退卻；第二回學習「小組強行破壞」望城崗橋樑；第三回學習「排攻擊、奪回雙峰嶺」；第四回學習退出西山時，任尖兵開路——蒙營長賞以「陳排長多你中華民國不強；少你中華民國不亡」；第五回學習固守上高大橋、橋頭堡；第六回學習以一排人搜索由上高至官橋敵情；第七回學習挖重磅炸彈並抬到郊外誘爆。意想不到又調任工四連中尉排長接受押運器材，護送軍眷任務時，碰到軍部總務處長，越級指揮稍不稱其意，舉手企圖打我、反誣賴我想打他……這種「委屈」使我不能不越級報告軍長，接受——「以後年輕人不要和人鬧氣！」的訓示。時間過得眞快，轉瞬間已半年多了。現在要去掉我習慣了的稱號「陳排長」！在野戰部隊（尤其是在所謂攻擊軍裏）能混兩年多的排長是不多見的，所以我將永久懷念「陳排長」的這段如煙往事。

（三）五月上旬，由衡山以鐵運轉浙贛線到江山附近下車（事前張連長轉告——團長要求不准請假離隊，所以只好「過家門不入了」）。行軍到衢州以南附近集結，日機密集轟炸，工兵團的「大行李」人員受損傷很大，我的「同學錄、佩劍、操典放在公文箱中，都「炸掉了」，好在軍毯、換洗衣服、備用力士鞋等，有傳令幫我攜帶的還在。

於「溪口」附近停留了好幾天，我還是奉命帶了一排技工兵擔任戴笠先生家鄉的警戒（在衡山時裝備了許多支新步槍，派上了用場）。五月底聽說我方原來以數個軍形成一個口袋，讓日本鬼子鑽進來，然後包圍而攻擊之。可是江西方面的日軍已經抽調數萬人東進策應浙江日軍作戰，已迫近浙贛鐵路線上的鷹潭，對衢州方面我軍的側背形成嚴重威脅——所謂從包圍圈外擊破口袋底……。於是我大軍放棄在浙西與日軍決戰的計畫，以策萬全。

（四）六月中旬，我工兵團由浙江南邊翻越仙霞嶺向閩北建陽行動，逐漸遠離戰線。清晨在浙江山腳下出發「爬山」，到下午四點多鐘走到山頂——是福建境內——卻是平平的台地！第二天，走的是平路，到了建陽附近，部隊暫時停下來，似乎是待命行動。這一路上逃避倭寇的難民很多，在建陽近郊更是有許多「不知何去？何從？」的老百姓。這天在臨時駐地，我到各班看看弟兄們的情形時，發現那個又矮又壯的技工副班長正和兩三個弟兄在輕聲說話。見我走到跟前時突然「停住而神色不對」，我問有什麼事？在商量。他們都不作聲，引起我的懷疑。追問之下，副班長說了實話：「在那邊水碓屋中，有兩個姑嫂，想找人陪她們一起走！」我向副班長說：「你在打什麼壞主意？」他面露驚惶之色，連聲說：「沒有！沒有！」我帶他去見連長（說明所見情形）……於是，派了兩位能通浙江話的正直技工長去查問。引導他們和逃難同鄉們結伴而行，避免落後分散，以保安全。

（五）民國三十一年六月下旬，隨工兵團自福建建陽出發，行軍經南平——寧化——江西興國——泰和——蓮花——攸縣——又回到衡山附近。全程徒步行軍一千餘公里，費時約月餘。八月間，仍各在衡山以南附近上次駐地整休。接著，工兵團又要改組爲：一團兩個營、六個連，新任團長是趙峙山上校（原五十一師工兵營長），第一營營長爲郭家煒中校轄第一連（由原工四連改編番號）及第二、三連（原來的番號）；第二營營長爲李玉珍中校（原第一連連長升任）轄第四連（由原第一連改編番號）及第五、六連（撥來一個後方工兵營改編而成）。改編大體完成後，團、營長各就各位，和營、連亦分別進入駐地。

九月下旬，我奉命調任工兵團第二營第六連上尉連長，須於十月一日接班。

四、參加「鄂西會戰」—兩次艱難的大河川渡河任務

（一）怎樣將這個連，訓練成一個「攻擊軍的野戰工兵連」？

1.在工兵技術方面：所有幹部（班長以上人員）皆應重視「渡河作業」的學習和訓練；工兵軍官應熟悉「爆破作業」，並於士官中挑選適當人員學習必要的基本動作。

2.集體作業時，不能「依賴」步兵掩護、警戒，要能自行注意「安全」防護。

3.工兵必須認定——自己有防禦戰鬥的能力——戰場上自衛作戰是不分「兵科」的，任何敵人最「喜歡打的」是一群自以爲是不「應該」打仗或不能打仗的單位。

（二）民國三十一年（一九四二年）十月一日，接收並編成——「陸軍第七十四軍工兵團第二營第六連」，臨時駐地在衡山南郊附近鐵路旁的村莊中一處大祠堂，當時的情形——記憶猶

新：

1.有關人事：

（1）接收幹部——軍官三員：上尉連附吳昌源、中尉排長洪瑱、張存才。（另由工兵團調來中尉排長姜伯琴、准尉特務長王玉山及准尉排附三員。）

（2）士兵僅三十餘人，多為士官，其中有：補給士謝勁、張希謀，文書士翁錫珊，號長以及炊事兵等。另有軍馬一匹（四川小型灰色馬）。

（3）接著由某師管區送來補充新兵三十多名——大部分身體不健康似有疾病。

2.有關裝備：

（1）僅有老舊步槍二十多枝。

（2）炊事用具亦多不全。

（3）士兵個人服裝及隨身用具亦多欠缺。

3.面對前述情形，隨即召集幹部（包括軍官及資深班長等）商量應即辦理事項，概為：

（1）臨時簡要編組——眼前僅有官兵八十餘員，約為所用「工兵連編制表」的二分之一成員，工兵機械器材全缺，武器裝備也缺乏。但須作應急之行動，以便於不久之後即能服行任務！幹部會議研商結果，其連之編組如次：

連部：連長、連附、特務長負責督導——業務組：包括文書士、補給士、軍械士、器材士、司號、傳令、馭馬人員等共十餘名。以及炊事班：班長及士兵共六名。

第一排：排長洪瑱、排附一員，轄第一、二班（每班有班長、副班長各一，士兵八名）全排共二十二名；

第二排：排長張存才、排附一員，轄第四、五班（人數同前）；

第三排：排長姜伯琴、排附一員，轄第七、八班（人數同前）。

上述共編成：三排、六班，每班分配步槍四枝（附彈袋及子彈）

（2）值星：衛兵勤務、作息時間，依團例行規定。

（3）以一週時間，整理儀容、服裝，教導禮節。

（4）到醫務所看病、取藥，均須由班長或排附，依規定時間集合帶去。

（5）凡至補給站領米……或上山打柴……均須由排長領隊前往、回來。

4.由特務長監督：每人每日增加食米二兩（超領的米數量，向上級交涉，折價繳付，由連長負責歸還）。一般時間，不准煮用過糙米飯，對於患腸胃病者，伙房須爲煮粥供給，監視伙食、採買……分期由各排輪流指派士兵兩人擔任，若有問題？可向特務長報告……，以符合公開、公正的要求。

5.關於「訓練計畫」由吳連附向上級協調辦理。

（三）民國三十二年（一九四三年）一月下旬，工六連奉命前往湖南株州鐵路交會點，擔任

「警戒」任務，這個連雖然人員不多（僅爲編制的半數），但看起來已像是國軍的正規部隊。到達目的地後，仍取集中駐地方式。於交通要點派出警戒複哨，並以巡邏人員機動加強巡視。

到四月間，本連先後陸續又補充了三十多名士兵（由於株州地處交通樞紐，他單位士兵有落伍、脫隊的人甚多，天氣寒冷無處收容——有病者爲之設法送就近「野戰醫院」治療，身體正常而仍願參加抗戰的也可留下……。）在此同時，也補充了部份武器和工材。

四月中旬，奉命準備行動。

（四）五月上旬，連到達桃源北方約七十餘公里的「漆家河」（地名）對岸，沅江主要支流在此處的河面寬約有一百五十多公尺，所奉命令是——「軍要在此地渡河，由工六連負責擔任渡河作業」。早上我走到河堤上用目光向北方觀望，似乎老百姓認爲此處將有戰爭，大多逃避一空，視力所及並未見有任何可以使用於「漕渡」的船隻！而我們除了「綑繩、兩爪丁、手斧、鋸子」之外，並無其他渡河的工具。正「無計可施」中，在漆家河西方（上游）很近的河岸邊有很多木排繫留在那裏，還有一根大篾纜，很長，上面掛著多條小篾纜，似乎可以利用……。乃叫傳令兵請連附及排長們過來看看。他們之中有一位提出——「先把大篾纜弄過來，繫在一棵大樹下，再將木排橫著、用小篾纜繫在『大篾纜上』，連繫穩當後，鋪上木板，就可以……讓部隊成一路縱隊走過去了！」大家都認爲「此計可行」。我就命洪排長派兩名很會游水的士兵先過河去，把那條靠在小溪口上的「渡船」划過來，再多去一些人。帶著多條長綑繩，將「大篾纜」弄過來再說。接著「依計行事」，先把它牢牢地綁在我岸一株很大的樹幹上，繞兩圈繫得很確實，這才放心。於是，我命洪排長指導第一二排的人，擔任「放木排橫跨河面」並連接穩定之。命第三排姜排長帶人坐渡船過到對岸，派出警戒，搜索木材行、尋找木板。爾後在對岸開設進出路，舖設橋面木板；洪排長及張排長當木排橫跨河面穩當後，到漆家河找木板舖設橋面。請吳連附偵查渡河部隊「集結區」、「準備過橋區」，標示進出路（並抽出人員開設橋頭道路。一切就緒後由吳連附擔任與過橋部隊長的聯絡。長話短說，工六連官兵奮鬥工作……到下午三點多鐘，橫跨沅江的「漆家河木筏浮橋」已經可以有秩序地由五十一師部隊通過。下午四時多，工兵團長趙峙山上校跟隨軍長王耀武將軍來到橋頭邊，他們看到這個木筏浮橋，似乎有些「意外」似的！我走過去見軍長，他慎重的向我說：「官兵們辛苦了！」，接著他也就開始走過橋去。趙團長等軍長走後，向我說：全軍過橋後，派另外一個工兵連來接管這座橋，你隨即到「石門」去，準備渡河的事。」說完後，回頭上馬而去。

（五）由於「飛虎隊」已成立並協同作戰，日本飛機並未來干擾我們的渡河任務，等到全軍三個師及直屬部隊過完橋之後，已是第二天清晨了。吳連附代表與接管浮橋部隊交代清楚後，我們還是到漆家河小街旁邊大休息，煮飯吃、補充飲水。

行軍兩天，工六連來到「石門縣」對岸，澧水在這裏的河面約有百多尺寬，我在岸邊極目四望，看不到任何船隻和可以利用渡河的竹、木筏。乃派出搜索兵向西方——上游觀察，不到一個小時回來報告——在約一公里外一條支流河口附近停泊有大船十艘，上面載有人員，似有少數警衛護送。我乃帶兩個排前往，爲防萬一，部隊走到附近時利用地形散開，監視船隻人員的動靜。

我離船數十公尺的地方停下來，請船上派人下來說話。他們稱是中央某行政機關人員，運送公文要件到某地去。我告訴他們：「是七十四軍工兵單位，在此地負責運送大軍渡河到『石門』，要商量借用船隻，大概使用一天多，船上乘客可以請到這旁邊村莊休息，公文箱可以留人在船上照顧。」

商得他們勉強同意後，一切依照「大部隊乘船規定程序處理」迅速準備。因為船上有船夫撐控船隻，本連只須派出連絡士兵在船上就可以了。乃分派任務：每排管理五艘船的「漕渡」。……接著，渡河部隊派來人員聯絡……洽商後，即行開始作業，預計每次可載一個多營。就這樣，到天黑之前，一個師已經渡過澧水了。留下一個問題？借用的十隻大船無法載運馬匹！只得暫留南岸，由工兵去尋找可以裝載馬匹的「渡船」。在此之前本連曾找到一條小渡船，我先派了一個班過河去搜索情況，回來說：「石門城裏老百姓很少，還有一些店在做生意。」

接到營長的「手令」要我歸建，到太陽山去做工事，好在只有一個師從這裏過河！……我命兩個排讓借用的十艘大船回到原停泊的小河口，就近先找了一個所在，讓我連大休息睡一覺，明天好回頭走！

（六）參加「鄂西會戰」後感想：

1.身體勞累易入夢：似乎是在漆家河南岸，軍長在看部隊走過浮橋，身旁站著一位參謀（很像老營長朱中校）在說：「這個橋架得眞難看！」軍長問旁邊的工兵團長（很像是我入伍時的沈大隊長）怎麼派這樣的工兵連來架橋？團長立即回答（團裏派出差的規定是先派最矮的連長，所以派陳連長帶工六連來。）軍長輕聲說：「有這種事？」

就好像是來到石門縣對岸的河邊……。有兩位參謀在交談，乙參謀問：「爲什麼只有一個師在這裏渡河過去？」甲參謀毫不猶豫的回答：「因爲軍長聽說工六連陳連長的個子不夠高所以分開來過河！」我肯定認爲是這樣——「減少了許多麻煩，眞高興！可以放心休息了。」

忽然間，聽到兩三聲「報告連長」，我眼睛都不願睜開，問：「是誰？什麼事？」是號兵老廣的回答「連長昨晚要我天亮叫你起來的。」我坐起來，想了一想，應了一聲「對的！」

2.也許是團部的幕僚們把「漆家河」看成一條小溪，所以提出派工六連去負責「全軍渡河」任務，趙團長也就採納了其意見。順理成章的再派工六連到石門澧水去渡河——只要「下條子」就行了，多麼省事！

3.一個工兵團參加「鄂西會戰」，應只做了「兩件主要的事：沅水及澧水的大軍渡河」。而只派了一個新編成的工六連去執行任務，團長僅陪軍長來看了一會漆家河浮橋，卻沒有任何指示！這是多麼簡明的指揮程序？

當我清醒時，回想這次任務，提出一個問題——問自己——延誤了大軍渡河有何結果？眞可怕！我要眞誠的感激當時的工六連全體官、士、兵的合作努力，還得感恩上天的保佑。

五、參加「常德會戰」

民國三十二年六月初，工六連來到常德西邊不遠的太陽山北麓的一個村莊，暫時停下來「休息整補」。我們需要補充增發（兵員多了）服裝軍毯等等。也要增發手用工具如圓鍬、十字鎬、鋼鋸、手斧等等。軍裏不用我們申請更換了六挺輕機槍、許多新步槍、手榴彈和大批的爆破器材，如此一來，很像是一個「野戰工兵連」了！可是，在抗戰期間的連隊，不像「儀隊」一般拿來「看」的，是要能吃苦耐勞達成任務的。所以基層的連長決不能全靠「口水」和「表演」——實例不少：和工六連同時編成的工五連，連長很像個樣子，口才自以爲很好，只要全連集合時他便要「訓話」講個沒完！弄得值星官都藉故不願「吹哨子集合連隊」。……連長便自己吹哨子集合全連……就這樣「折騰」了兩三個月，連內的兵沒人管，跑了很多，只剩下軍官和班長三十多人。這種情形被團長知道了，召見連長訓勉一番……。連長回到部隊又自己吹哨子集合「轉帳訓話——團長認爲要分層負責，連長不要管得太多，要給排班長多負責任……從現在起……」話講完之後的當天晚上，班長們跑了一大半。於是上級不能不換連長（這個連在兩年之中換了三位連長）和調補班長新兵，結果還是不能擔負較重要任務。

（二）民國三十二年七月間，所接受的新任務是「協力本軍五十七師構築太陽山據點工事」，由軍工兵派來兩個工兵連擔任（工六連是其中之一）。五十七師司令部於之前並無參謀作業，於是要從頭開始。計劃是預築一個步兵營的陣地，只做主要工事：機槍掩體、營、連指揮所掩蔽部、迫擊砲陣地及掩蔽部等。從偵察地形，圖上作業到各個工事位置之選定等，都是師參謀和步兵軍官的事。工兵關心的是：工事要求的程度（還是土木的），木料從何處獲得和搬運，其他所需材料的種類和數量等，以及各種掩體標準圖樣之選定等等。我和本連的幹部幾個人，先是陪著他們走路、說話，就這樣費了兩三個星期的時間。在我們走來走去「踏秋」的時候，我們工兵團部派了一位新來的中校團附帶了三四個人，設了指揮所，與五十七師方面負責連繫和督導兩個工兵連施工。

(二) 構工材料陸續運來，掩體位置亦經標定……。於是連分配工作任務給三個排，擬定簡要的施工計畫(包含預定的進度表)，一切就緒後，按照次序開動工作。但是，我特別注意官士兵的生活起居與每日工作配合，盡量使其能正常化，有秩序，除非有特殊的情形不得弄亂程序！

在施工期中，五十七師師長余程萬將軍到太陽山工地來視察過一次，聽取簡報之後，實地看了多處施工情形。我對他的印象有二：其一，不是一位粗獷的人；其二，在抽煙飲茶方面很節省(用白紙捲土製煙絲吸用，喝粗茶)。其後就再也無緣見過他了。

凡事「有條理」去做，便會如期望收到成果，工六連於九月下旬完成在太陽山施工的任務後；旋即奉命配屬五十七師。

(三) 十月初，奉五十七師命令進入常德城，協助構築半永久「機槍掩體」，工六連駐下來之後，即從事施工準備。設計圖、工事位置等都沒有問題，檢查工事材料的供應——水泥沒問題，小石子、河砂由步兵送來，模型板等也沒有問題，可是「椈筋」沒有著落(而且後方答覆短期不能送來！) 於是，有人建議取用常德郊外土產——多節的小竹子以代替鋼筋；再用八號鐵絲來扎繫之。……就這樣做罷！不能空等待……努力做去。

十一月上旬，接到五七師的命令——「師工兵連歸建接替工六連任務，即日交替。工六連即刻至斗姆湖附近山麓設連陣地據守，以阻止桃常公路被敵利用運補。」……連以配屬單位關係，即時帶隊前往偵察……在一大遍山坡中，選定一處——後有山地倚靠前距公路三四百公尺，兩側稍有「射界」的小高地作為連的「抗敵據點」。時間寶貴立即動工做野戰工事，然後加強之。這個地點距常德城有十餘公里，沒有電話線可以聯絡，是個名副其實的「獨立據點」，過了兩三天才知道，在我的西北方有一個營據點，由五十一師派出一個營據守，和我這裏相距也有十餘公里，無法構成通信連繫以交換情報。……如日軍來攻，各自奮戰……好在我一向「單獨奮鬥慣了」——盡其在我而已，先要考慮到「糧食」問題——派人向桃源補給單位領到「個把月的米、油、鹽」，將連部勤務人員放在後面山窩裏，也有步槍和手榴彈……還可以「自衛一番」的，就這樣定下心來守住這裏。

（四）你能預想到——工六連是幫忙做工來的，怎麼會演變成為：守據點打仗，而且是「孤連奮鬥」呢？好在我早已認清「野戰工兵不能依賴友軍保護，要自己保衛自己」以此影響工兵連官兵的想法，只是尚未「牛刀一試」，現在可能機會來了。

十一月下旬開始，桃常公路已經行人稀少，二十四日開始常德周圍有稀疏的槍炮聲……。這時日本人的騎兵也在我們據點附近活動，靠近時便用輕機槍射擊它，也不敢太靠近山麓，判斷只是警戒的行動。

逐漸在常德城方面槍炮聲密集，尤其是十二月初在夜間還有火光，似是城內已發生巷戰。十二月四日開始，槍炮聲已很少，判斷城內戰鬥中止，過了兩天方知五十七師餘部已經向東渡過沅江突圍，與東岸國軍聯絡上了……。

十二月八日國軍包圍反攻常德，日軍倉促撤退，遺留重傷陣亡者甚多，五十七師餘部復入城清理戰場。在攻防激戰之際，我並未覺察到桃源方面有戰事發生，在我北方營據點也無任何活動，戰鬥停止後方知五十一師的一個步兵營已經無令自行撤退（事後營長被軍法判處死刑，立即執行。）

工六連在連據點停了好幾天，然後才接到工兵團命令到常德城郊集結歸建，已是十二月底了。

（五）會戰結束後的工作、聽聞、和感想

1. 工六連依命令到常德城郊歸建，擔任的新任務是做常德會戰陣亡將士烈士墓，地點、土方如何設計，開挖方法都有人指導，不用基層幹部動腦筋，我們只是帶部隊去按規定挖土方，然後由衛生大隊依規定將陣亡者慎重處理後，送到墓地，依指示入土掩埋，所有掩埋工作做完後，再由工兵運土去築成一個大塚。附帶對周圍道路及環境的整理等粗工皆由工兵部隊去做；另外有其他單位做了一處倭寇塚，使炎黃子孫勿忘日本帝國主義者侵略中國之歷史。大概在常德做了一個多月的工，便到桃源附近駐下整補。工兵團部駐在「德山」，工六連卻駐於其對岸，靠河邊的一個大村落裏，並未歸回第二營，不知道是何用意。不久便宣佈——「由工六連接受十餘隻橡皮舟及使用器具附件等，從事操舟訓練（利用沅江寬闊的河面）」。在此時，本連連附吳昌源上尉調任步兵師工兵連長，遺缺由排長洪瑱遞補，同時派來張志飛少尉充任本連排長。我乃請洪連附負責橡皮舟使用、訓練等事，先從第一排開始訓練……。

2.聽說五十七師在城市內戰鬥有幾件事情很吃虧

（1）缺少能連放的武器，如手提機槍、衝鋒槍等，步槍和捷克式輕機槍在家屋戰鬥中使用不方便。

（2）手榴彈準備數量不夠（太少了），只三兩天就沒有了。

（3）衛生連的位置選擇不當，輕易被敵人侵入，影響隨後的急救工作。

3.一個沒有證實的「傳說」——少將團長柴意新在突圍時爭著上船被自己人砍傷雙手，因為他原來是軍的少將副參謀長，要到師裏當團長不久，很多部下不認識他，所以會被誤傷而落水……。

4.常德被圍城攻擊有十天之久，在其周邊國軍甚多，為何不亟力去攻擊日軍背後以解其圍？工六連據守的地方就在常德——桃源公路的一旁，當常德五十七師激戰的數天之內，並沒有解圍部隊經過這條主要公路！我也不知道五十一師和五十八師到那裏去了？隔沅江在常德城對岸，有很多部隊在那裏看著（隔岸觀火）不去增援，是否得當？有無責任？

六、參加「衡陽會戰」

民國三十三年（一九四四）二月，工六連移駐德山對岸整理待命，四月接受美援橡皮舟十二隻（包括零附件及使用工具器械等）。開始施行操舟訓練，此種舟可裝載武裝士兵十名，若在隱密渡河時，每次運送步兵八名（自行用本槳划行）至敵岸，然後再由留於舟上的兩名工兵划回我岸，再運八名步兵過河……。陸上移動長距離可用汽車裝運（放氣後包裝舟體不大），短距離可用獸力車輛，或人力搬運之。三個月之後，工六連官兵對此種橡皮舟之保養、緊急修護、充氣、包裝等……，已習得一般要領，可以實用於渡河了。

（一）七月下旬，工兵團向武岡附近移動，到達後，命工六連先行到湘江邊，在衡陽南郊附近，偵察隱密渡河地點，並完成渡河準備工作。……連於八月六日黃昏前，到達湘江西岸的一處（地名車江？附近）陸上距衡陽南邊約十八公里。附近百姓已甚少，河面約有一百多公尺，我岸有掩蔽處所，亦適於登舟漕渡。當夜派便衣利用小渡船過江偵查——數公里內尚無敵蹤……。次日晨派軍官傳令回轉，向團部報告，並擬引導車運橡皮舟前來。……是日下午派出之軍官持團長手令！立即向西後撤歸建，回來。這實令人失望——解圍作戰又成泡影。七日深夜，工六連已回歸第二營指揮，要在楓樹山東側高地、青山、祁東的西端等各附近之線佔領警戒陣地。

（二）八月十一日，工兵團以兩個工兵營併列佔領前述的警戒陣地線，旋即受到日軍以少數兵力的攻擊，日間在左翼的第一營先受到日軍的威力搜索與試探性攻擊，我在本連陣地上可以看得很清楚，敵人將「平射步兵炮」放在千餘公尺遠的地方，專門直接瞄準射擊工二連的輕機槍所在位置（如不立即變換陣地便會被平射砲彈擊毀）。但一直未行眞面目的攻擊，然可由此判斷我守軍並非步兵單位——因無八一迫擊砲與重機槍還擊其推進的先頭部隊。

（三）日軍於入夜之後，乃以搜索部隊向我右翼的第二營試行攻擊，其目標先選定鄰近工二連的工四連警戒陣地。當晚天候多雲月色暗淡，在我連陣地上看不到一點戰鬥行動，但可清楚地聽到群馬的嘶叫聲，然後在一陣稀疏的槍聲中，即告沈寂……。我在陣地上判斷——「第四連（原第一連李玉珍連長帶的兵一定是「照老規矩（保存實力？）不戰而跑了！」工六連對這種陣地的防守方法有所準備：區分為數個小組——以輕機槍為核心，步槍兵衛護著它，由班長（或副班長）帶領著，靜靜聽著，有很多爬行聲音接近時，先投出手榴彈，接著輕機槍行標定射擊，步槍兵上著刺刀，合力對付接近的敵人。像這般的「有以待之」，就不會「天黑怕鬼」亂跑了。當日本鬼子「行下馬戰」時，碰到中國兵的這一套「眞怕死人！」恨不得比馬還多兩隻腳地爬回去。當工六連正「專心壹志」地對付著「皇軍騎兵」繼續玩「夜戰遊嬉」時……。

（四）營部傳令班長勇敢地走過來，到我的跟前說：「營長叫你去拿回第四連丟掉的陣地！」就這樣幾句話，立即使我進入時光隧道——四年之前，帶著一排人置身於南昌西山雙峰嶺之前，碰到軍工兵營長朱萬斛少校對我說：「陳排長你來得正好，去把第一連丟掉的陣地拿回來。（那時的第一連就是這時的第四連，那時的連長李玉珍少校就是現在傳令班長所稱的「營長」，我就是當年的「陳排長」）。老戲重演，怎麼又會是我再去做這樣的事？當我的思緒轉回來時，營部的傳令班長已經「達成任務」很快的回去了。我在考慮：在我連陣地前方躲著的「皇軍騎兵」至少有一個連？若以全連的兵力去攻左側的山頭時，誰替我守住現在的陣地？……我找第三排張存才排長來商量，不知道那山頭上有多少敵人佔領著？好罷！效法當年故事，命第三排從左側後方去襲擊。……一段時間之後，傳來手榴彈的聲音和稀疏的槍聲。……之後，約有一個多小時，……第三排排附回來向我報告：「張排長帶頭向上攻擊，敵人增援反撲，張排長及數名弟兄負傷，逐漸向本連山下靠攏……。排長負傷不輕（軍刀砍傷）不能行動，命我將排帶回，我看情形立即派人護送排長到後面營醫務所去，……本排現已在後邊待命。」乃命第三排仍爲預備隊，受傷弟兄派人護送帶往營醫務所。……折騰一夜，天也亮了。派人下去搜索……敵人已後撤了。接著營長手令來了——部隊向營部附近集結。……當我率工六連向後走了近一個小時，才發現醫官孫立田上尉帶著幾個看護兵，正在爲幾個傷兵上藥急救。……我問他：「營長到那裏去了？」他說：「營部的人先向後撤了，這裏有幾個傷兵要照顧，一時不能離開。」

（五）我叫工六連的人在此處休息一會兒，先派出警戒。利用這個時間，和孫醫官再聊天。他要告訴我一個「笑話」——「昨天晚上，營部的人料想會有狀況發生，都在辦事，有幾個馬燈還在亮著，忽然聽到第四連那邊有不多幾聲槍響接著也沒有什麼動靜，並不太在意。過了一兩個小時之後，忽然有數十個穿草綠色衣服的軍人，端著上了刺刀的步槍，喊著：「殺！殺！」衝過來，我們連吹熄燈光都來不及！好在營部有兩個老兵的眼尖，看出是工四連的人，大叫「第四連不要亂來，我們是自己人！」那些糊塗蟲才停下來，幾乎把營長都嚇跑！你說好不好笑？」我回答：「好危險呵！你還覺得好笑。」我想起來了一件事要問他：「你有沒有看到第五連的人？」孫醫官答稱：「這才是怪事，你們第一線手榴彈和機槍都響了，營長派人找預備隊（第五連）找不到。到早上天亮了，第五連有人來找營部，才知道他們全連都「隱蔽」在後邊山溝裏，躲了一夜都不出來。」我聽了，也不知道是怎樣一回事？於是對他說：「我們一起走吧！皇軍騎兵隊要不多久就會過來的。」

（六）尾聲

1.趙峙山團長選定了一個脫離敵人較遠的地方，集合全體官兵（兩營六個連）訓話：其要點是守紀律、有秩序。嘉勉第一營在警戒陣地上對抗日軍攻擊的有秩序、沈著應戰；批評第二營的指揮無秩序，隨便放棄警戒陣地，幾乎使團不能達成掩護本軍調動的任務。（只是說說而已，並未能糾正工四、五連的「畏敵」毛病。）

2.在衡陽會戰中，方先覺第十軍守衡陽四十七天之後還是被敵攻陷了！所謂「解圍」部隊大軍雲集，就是救援不力，見死不救！

3.工六連很辛苦的預先訓練，然後跑到衡陽近郊準備渡河，……可是回頭看看並無「隨後的大軍」；待撤到掩護陣地上，也見不到（聽說根本沒有……）大軍的影子，「平白」地讓「皇軍騎兵」騷擾了一夜，工四連有「落跑」的不良習氣，連累我們不輕。……工兵單位沒有「作戰檢討會」，無人能挺身直言相告……遂讓懦夫得以自傲於勁旅之中，將來必誤大事！

4.九月間，工六連在桃花坪附近，稍事休整，將橡皮舟等器材交庫，補充土、木工器具等……旋即奉命準備要到青木嶺構築一個連據點。……十月初前往執行此項新任務，由「洞口」經過，向南轉到「煙竹溪」駐下，完成各項施工準備之後，再上山去工作。……這個連據點的位置控制山間人行道的交會處，似乎是很重要的……。山中樹木很多，就地取材容易……。年底前工作完成，奉命歸建，於一月上旬回到桃花坪附近整補。

七、參加「湘西會戰」

民國三十四年一月上旬，回到桃花坪附近，工六連住在一個大祠堂內。這時候連內的士氣不錯，士兵人數接近編制，軍官齊全，服裝在更換補充中（因連續構築工事三個月可以申請更換「破舊衣服」，把破衣服留下來，加上連部所購買的粗麻，可以讓士兵自己打「麻草鞋」穿用。

距本連駐地不到五百公尺有一個小廟，駐著的是工五連，人數較少還可容納。有一天早上郭連長祖濱打電話給我，要請我過去一下……當面有事相告。立即走到他連裏……直言相告——「昨晚連內「鬧營」，半夜裏大家跳起來……嘴裏不知亂說什麼？他自己也跟著走來走去，不知如何是好？幸虧連附山東大漢是清醒的，他把號兵弄醒吹集合號，大家才清醒過來……各自回去再睡。怎麼辦？」我告訴他：「半年以來大家很辛苦，天氣冷、軍毯薄、棉大衣不夠、飯煮得少不夠吃……又換了新連長……士兵心理不安定，容易焦慮做惡夢……」。「到軍部去找補給人員，借新軍毯、棉大衣來，地鋪下面多墊禾草……。米不夠吃、加發一些（虧米可折價繳錢）讓士兵吃飽、睡暖、照正常工作，就不會再有事了！」「以後有什麼困難事情辦不通的話，可以和我商量，要沈著氣、去處理事情……不要急躁。」……（後來郭又回去當參謀，平安度過連長的難關了)。

(一)我在一月底接到命令——二月一日交班，我到工二營當副營長，接班的是朱子蕤上尉。元月三十一日下午，工六連官士兵共同會餐，喝資水釀成的米酒，在這個連自民國三十一年十月一日到三十四年二月一日，度過兩年四個月，全心壹志和全連弟兄同甘共苦，彼此互助倚靠，執行重大任務(湘、資、沅、澧等四條大河的訓練和敵前渡河任務)，最後在楓樹山頭還與日寇精銳騎兵小戰一番而毫無遜色……。值得我們有生之年的回憶。中華民族全面抗戰中物質生活困乏……沒有好菜、美酒……大家的情感流露，可不是喝醉了……很多人都熱淚盈眶不忍分別。

二月一日上午，營長李玉珍少校到連行佈達禮，完成後，我們送營長上馬回去。我宣佈——「軍官到連部集合，部隊解散休息。」連會議室今天泡有粗茶，大家進去先喝茶、休息……。然後我為新任連長一一介紹本連軍官排附以上人員；我向新任朱連長說：「有關本連情形請洪連附向你說明，今後要辛苦你了。」張存才值星官先跑出去集合部隊，在大門外成連橫隊，依禮相送。「天下無不散的筵席」，我也就無言上馬，到工二營營部了。

(二)營部在桃花坪公路旁，靠山邊位置很好，辦事的幾乎都是熟人，尤其是醫官和書記官……。當天晚上我睡得很熟，次日起得很遲。吃過上午飯，想到上山坡去看看，叫傳令替我借一枝新步槍來(帶幾發子彈)。槍拿來了，問要不要跟我出去?我說不用去。

二月早春，不太冷，江南山坡還是「綠葉」很多，尤其是向南的位置，很容易被春風吹遍…

…。小山坡上有一段較平的山脊，有很多株又大又高的大松樹。這一天風力不大聽不到「詩情畫意」的松濤聲……，坐在松下石上，卻聞到陣陣的幽香！我以爲是「美景」帶來的聯想……定下心來……這香氣卻是眞的，我站起來到處看看——那棵大樹根的北側隨風傳來陣陣的輕香，哇！是一叢叢的「空谷幽蘭」，我要坐下來靜靜的欣賞！似乎是出來很久了，再不回營去就會有人來找，扛著槍下山坡似乎覺得步槍很輕，也令我體會到「無形的責任」負擔是比步槍重太多了！

桃花坪是很有名氣的小地方，山麓有個小廟裏面住的卻是多位尼姑，李營長對「抽籤」有興趣，常常到廟裏去問運氣，請清秀的小尼姑爲之講解；我與他不同其「好」，有空便上山坡到大松樹下，欣賞清香而不解語的野蘭花，不要誤以爲是「文人雅士」……，我還拿著「快槍」來的，當基層「兵幹」，動刀拿槍慣了——也爲了「安全」才帶步槍出來玩的——資水中下游的老百姓比較文明——不會「謀槍害命」，走進雪峰山的「洞口」，可不要帶武器而單獨行動。過了幾天，年輕的老朋友——書記官開腔了，好像是對著公文簿在說話——「三月不知肉味了！」其實我正走到他背後，說話了——「想當年當排長在灰埠守渡口的時候，你們假傳聖旨下條子叫我『送魚』到營部來，今天可不一樣了」。……「怎麼才當了長官就不認識我們的！」我說：「這裏離河太遠，也不知道那裏魚多……不行。……好吧！我看能不能碰上什麼的……」我背著槍就走了……這一天我上山去是當獵人，花了兩三個鐘頭時間，打了三四隻大鳥回來，爲他們「加菜」。總而言之，我是很喜歡和他們這批老戰友在一起的。可是，好景不常，部隊又要改編，軍裏只有工兵營了。趙團長要帶團部和一個工兵營到方面軍司令部去，新成立一個特務團，因爲老軍長王佐公新任第四方面軍的司令官。（在那時不作興去打聽什麼人事消息的，也絕少有會去徵求甚麼人同意做什麼事的，在戰地也相信「有命在天」大官小兵的命運都像是一般的……。）

三月下旬，工兵團改組，趙團長帶第二營到第四方面軍去編成特務團，原第一營則改爲：七十四軍工兵營，可是我卻被留下來，在軍工兵營當副營長，到竹篙塘營部去，這是事前想不到的。軍人「奉命行動」，我已習慣了。

（三）新的七十四軍工兵營長郭家煒中校在部隊中的聲望不錯，是位樸實的軍人，所轄的三個工兵連中，其第一、二連我都服務過相當時間，只有第三連我比較生疏。所以我覺得留在軍裏也沒有什麼不好！

四月中（十六日？）敵情緊急，日軍將進犯桃花坪，軍集結其直屬部隊（如運輸團、搜索營、工兵營等）爲總預備隊，位置於竹篙塘附近，以運輸團長黃壽卿上校爲指揮官，設指揮所於公路旁小高地上。當日近黃昏時間有敵偵察機一架飛來，低空盤旋，黃團長屹立不動，我代表工兵營也站在其附近。敵機飛離後，黃團長提出問題來——「日本飛機爲什麼不掃射我們？而我根本就不躲開，爲什麼？」我們都在楞住了，他繼續自我解答：「因爲我命苦得很，現在受罪尚未完，是不會死的！」他是在「自我調侃」也，亦言之有其哲理。（試想，自民國三十四年至今朝——寫回顧集時歷經了多少艱難困苦，千萬的忍耐……豈不是命苦者受折磨而「老兵不死」乎？）

次日上午，軍工兵營移到洞口旁邊，進入戰鬥位置，三個工兵連都各有任務。黃昏時，已有步兵一排前來於洞口隧道頂上構築野戰工事據守。稍後竹篙塘附近傳來槍聲，三個工兵連是配屬友軍，已連絡不易。郭營長集合營部人員攜帶武器準備戰鬥，洞口之東側有兩個小高地可以據之守住洞口隧道入口處。營長集合營部的官兵有二十多人分爲兩組（每組守一個小山頭），我和營長各帶一組人就位，東面的槍聲到午夜之後才停止。

四月十八日，五十八師部隊來到洞口附近，軍工兵營乃移往「江口」附近待命。四月下旬，七十四軍以五十七師、五十八師固守江口南北之線，至此日軍主力之攻勢已告頓挫。

（四）民國三十四年五月八日，第四方面軍司令官王耀武上將下令全面反攻……日軍遂潰敗……此乃我參加抗日戰爭以來的眞正的兩次勝利會戰之一（上高會戰也是眞正的勝利結束）。在五月初，新六軍已有一部兵力到達江口附近，隨之而來的是一個美援裝備的戰地醫院——可以就在戰場稍後方動大手術，救活了許多人命。在此之前的野戰部隊官兵當腸部受傷貫穿時，都不能及時送到所謂「野戰醫院」動大手術，因而眼睜睜的看袍澤的無救……眞是痛心！（由此也可見國軍的忠勇，然亦無奈）。

（五）兩次職務調動：民國三十四年六月一日，奉命調第四方面軍司令部特務團少校團附（代理副團長職務）。七月初率特務第三連護送日俘三百名，由美軍派出大卡車二十輛載運前往貴陽，安全達成任務。七月下旬，司令官王耀武將軍召見，告知——「十八軍軍長胡璉請求派工兵校級軍官前往充任營長，報告三次，不得已要派你前去……半年之後，如不合適再調你回來……。」（事後我得知，原來是派特二營營長李玉珍前往，李見司令官時……苦求不去……，所以才調換我去）。八月一日，我和另一位被派往的張鈞學長在辰溪十八軍司令部見到胡璉軍長……張鈞派往十一師任工兵營長，我則被任爲軍工兵營長。

軍工兵營由唐俠夫中校代理營長，交班給我後……初步認知一般情形如下：全營兵員足額大都是四川子弟，副營長高爾謙少校十六期同學兼第一連長，第二連長何碧泉上尉，第三連長梅開堯上尉，運輸連長陳瑞翹上尉，營部作戰官張祖迪上尉……。這個野戰工兵營似無擔任艱危任務的紀錄，不過從外面上看來：體格不錯，精神亦好，若與我帶過的「工六連」相比，似乎「氣勢甚差」，既來之則安之，我也想看看很有名氣的十八軍是什麼樣子的？

八、抗戰勝利了！

（一）民國三十四年八月十四日午夜，通信軍官來報告，美軍無線電台廣播——日本天皇宣稱接受同盟國「波茨坦宣言」，無條件投降。

營部官兵大家很高興。……我想到——不用再由湘西出擊，截斷日軍在黔桂主力的退路，而「擊滅之」，少死很多人，也是好事！同時也想到——我爲抗日作戰而從軍，現在八年抗日戰爭勝利結束，日本帝國主義被打倒了，今後已無任何國家會來侵略中國了！我要回家，八年沒有見到母親了！還有我要去讀書，完成未竟的學業，……放下心來，很快就睡著了。第二天醒來，似乎太陽比以前都亮了些。想起昨晚的希望（回家不當兵、去讀書）很愉快。可是我才到差半個月，怎麼能向長官開口——要請「長假」（當年沒有退休制度），很難？不能兒戲？

（二）接著命令來了，工兵營要比大軍提前五天出發，以長沙為目的地……。最傷腦筋的問題是：立刻要去領美援工兵器材（兩大船），怎麼辦？編裝表上的運輸工具在那裏？怎樣叫連隊搬著這批物品行軍？最後的方法是由作戰官張祖迪帶一部分人員，押運這大批軍品，先以原船往長沙再說（當時只有此法而已）。

（三）營於八月二十日稍前，自辰溪出發，行軍經溆浦、桃花江、寧鄉、往長沙。在寧鄉附近營之尖兵排於戰備行進中，發現穿灰色服裝而未戴鋼盔的「忠義救國軍訓練大隊」的一個「班哨」，誤以為是「中共」單位，乃將其「制服」。當時我走在第三連縱隊中，正與梅連長聊天（在尖兵排後面跟進），忽然看到三百多公尺前面有穿灰色軍服的部隊在搬運「五零平高兩用重機槍」就射擊位置！心生疑問？正當此際，尖兵訊號報給梅連長：「發現共軍？」我向梅說：「共軍沒有這種新裝備！」梅同意這種判斷，立即高呼我們是「國軍，不要誤會！」對方也就立刻停止敵對行動。我也就走向前與其在前面的軍官對話，未幾其大隊長亦來到（乃是軍校前期學長）相談之下，我向他致歉——對尖兵班長的魯莽行動。因為雙方軍官的沈著處理急迫狀況，遂化解了一場誤會，得以免遭意外的「禍端」。

（四）九月上旬到達長沙市區，不意一一八師的先頭部隊已利用鐵路修護車輛同時到達。旋即奉軍長無線電報——營歸一一八師師長戴樸少將的指揮。戴將軍授予的任務是——看守在長沙的日軍大型軍品倉庫，不得由任何單位搬運，同時告知將於九月中旬參與「長沙的受降典禮（是由第四方面軍王司令官主持）」。

（五）九月中，我參與受降禮，只有團長以上人員才有座位，我乃站在禮堂較遠的一側。……受降長官是王耀武將軍，投降書乃是由日軍第二十軍軍長板西一良……呈遞……一切程序嚴肅而順利進行完畢。正要由邊門走出會場時，有人拍我的肩膀，同時說：「佐公請你到休息室去一下！」原來是張偉軍中校侍從參謀，我乃隨同前往。

走進休息室，司令官已經坐在右側辦公桌的後面，我到前面向他鞠躬，並問候，他還是那樣親切地端詳著，問我：「你怎麼在這裏？」我答：「我是先遣部隊，到長沙歸一一八師戴師長指揮……。他停了一會，問：「什麼時候回來？」這是很難回答的！我說：「奉命還要帶部隊北上。」司令官沈吟了一下說：「好吧！想回來時，寫信告訴我。」我說：「謝謝司令官！」鞠躬告退，張偉軍送我到門邊說再見。

（六）在長沙停留的時間只三、四天，便奉命到岳陽歸建，到達時，去見軍長請示……然後見參謀長蕭銳將軍，坐了一會，「獸力運輸營」營長魏澤上校進去見軍長……。我向參謀長報告後，沒有什麼指示了。……我起身出門，走了幾步，忽聽到魏營長在連哭帶叫，趕快走回頭進門去，只見魏營長坐在地上重複哭叫著「你欺侮我傷殘老兵！」當時，參謀長坐在桌子後面看公事，一語不發……。軍長的門口掛著藍布門簾，就在旁邊……裏面也毫無動靜……魏營長見我進去繼續哭叫著，坐地不起……。我大聲的說（讓軍長聽到是陳營長又進來了）：「魏大哥起來，跟我出去！」他裝不知道，……我再大聲說：「我是陳營長，不要鬧了！我送你回去。」不管他聽不聽話，我用左臂挽起他的右臂（他的左臂在上海羅店抗戰時打掉了）用力拉起來，拖著走出門去，離開這個尷尬場合再說。他的副官走過來，見狀況不知所措，我說：「讓我們走一段路……」。這時候魏營長清醒過來了，向我訴委曲——「他」不應該向……吐口水……」。我很同情他的「鬧」……於是肯定地說：「你們是老同事、老戰友，事情過去了，就不會再有什麼了，我送你回營去。

其實，我也不知道軍長和魏營長之間是爲什麼事？而話不投機……參謀長也很爲難的不知如何是好？只有我才傻裏傻氣的走回去，把魏營長「請出來」，以免「弄僵了」！

在岳陽未停留多久，但「軍務」問題很多都得處理，也無時間去看名勝古蹟，於此錄杜甫登岳陽樓五律一首以資懷念：「昔聞洞庭水，今上岳陽樓。吳楚東南坼，乾坤日夜浮。親朋無一字，老病有孤舟，戎馬關山北，憑軒涕泗流。」

當時，副營長高爾謙少校已回營部，上級派來朱金珊上尉接任第一連連長。部隊奉命向武昌行進，但留下接受日軍戰馬的單位及人員（本營大批美援器材仍由作戰軍官張祖迪上尉處理巡運武昌）。

（七）民國三十四年十月上旬，軍工兵營到達武昌以東的葛店，奉命又歸一一八師戴樸師長指揮，師部派上尉參謀楊書田、王旭震送有關指示到營部，並訪問單位情形。過了幾天，師長戴將軍來視察部隊（預先告知營武裝集合等待）。師長前來看過之後，說：「這個營經過這樣久的行軍，士氣、體力還很不錯。」對他這番鼓勵的話，我很高興但不知如何謙恭應對？隨口說出：

「四川兵就是矮了一些。」師長快步的走到連橫隊的排尾，與最後一名士兵並肩站著，說：「陳營長來看，他比我還高！」我一時不知所措！但心裏了解，師長是一番好意——很風趣！

我也到師部參加會議時，吃過兩次飯，「四菜一湯」同桌的人非吃光不可，師長就是這般豪爽的性格。

（八）由於美援器材和接收日軍馬匹的到達，軍工兵營回到距軍司令部較近的駐地——徐家棚（我在入伍之前在此等待……「新生」會合，曾經停留了一個多月……可是經過八年之久，人事全非，已經找不到住過的地方了……更增加了我對家庭的懷念。）

經過了一番努力，到年底時軍工兵營更換了新裝備、新服裝、有了力士膠鞋。還有了「大洋馬」和運輸馬車……，已像一個「野戰部隊」了！於是，我寫好「請長假的報告」（事前和好友商量過，他們同情我的處境，並且眞心地要幫助我——送我讀四年大學所需的費用——只要軍長批准立刻就辦……）

報告的要點：

1.我母親只生我一人，很辛苦地把我帶大，我爲「不當亡國奴」而從軍抗戰，戰爭勝利了，我已盡了「愛國之責」應該回家了；2.我的學業未完成，應該再去讀書——工作報效家庭。3.現在軍工兵營已經裝、訓完成，能夠擔任野戰工兵各項作業。而且工兵幹部齊全，繼任不乏人才……。

我親自到軍部把報告呈交給軍參謀長蕭將軍，並爲解釋一番。他告訴我：「軍長不在武昌，等他回來之後……我再通知你來見他。」

時間過得很快，已是民國三十五年元月了。有一天，參謀長來電話：「軍長召見，你馬上來。」……我趕到軍部時，……隨從官告訴我：「先去見參謀長，」……見面時，他說：「你的同期同學還在當上尉連長，已經是軍工兵營長了，很有前途的，打消請長假的念頭吧！」接著說：「你去見高先生吧！」我只好依照指示行動。

高先生坐在辦公室裏，我向他恭敬地行鞠躬禮，他先開口：「部隊已經很安定，同事們也對你不錯，應該努力工作，不用請假了！」我申述：「實在有不得已的家庭苦衷。」他看著我，沒有答覆……「你去見伯公吧！」我又只得遵命行動。

軍長正在辦公室裏走來走去，見我到門口時，說：「我們走過去……向「兵棋室」走的，我跟在後面，他走到活動圖版前面，拉出一塊圖表來，上面有很多「紅圈圈」，開口說：「這張圖上是中共部隊所佔據的位置，你過來看看，……我知道你有小康的家庭，……中共得勢會被鬥爭的，你回家沒有用的……也讀不成書。……解決了「中共問題」我一定會准你回去，但當前大家仍須奮鬥……。」兩眼眞誠的看著我，我實在認爲他說的是對的，但心裏很難過，卻「無話可對」呆了一會。……軍長說：「你回去吧！」就這樣把回家的願望——暫告一段落，向軍長行禮後，低頭走出十八軍司令部，軍長胡伯公是以理性、用關切的態度說服了我的。

第三篇　老兵夢摘星記

第三篇　老兵夢摘星記

前言

一、人與星的傳說

幼年學會的一首歌，曲和詞都很簡短而內涵優美，令我至今難忘，乃是唐代杜牧的「秋夕」詩，譜之以歌曲——「銀燭秋光冷畫屏，輕羅小扇撲流螢，天階夜色涼如水，坐看牽牛織女星。」詩中與牽牛星相應的是牛郎，此星在天河東側；與織女星相應的是天女，她曾下凡和牛郎相愛，其星在天河之西側。兩星（有似二人）隔河相望，每年七夕，鵲鳥爲其搭橋使其能相聚會。這個故事使我深刻留下「人與星」的相互關係。

在羅貫中的水滸傳中，敘述了梁山泊一百零八位好漢的故事，他們天生的來頭不小。原本是三十六天罡星和七十二地煞星被龍虎山張天師關在瓦罐中，蓋子上貼著張天師所畫的「道符」難以溜出。多少年之後，卻由好奇的遊觀者不意地打開了罐蓋，這些兇星們化作多道青煙逃出，遂闖出了許多禍端，後來相聚在梁山泊中。

在稗官野史裏載有，幫助明太祖朱元璋起兵打天下的二十八位將軍，乃是天上的二十八個星宿轉生的，後來天下統一不再需要用兵。朱皇帝爲上承天意，下求安定，乃建了一座功臣閣，內列「二十八星宿之神位」。召宴群將慶功，傳旨必須盡情歡娛，不醉不休。最後，朱皇帝託詞更衣離席，於是關閉所有通路，四週放火，無一漏網，遂使二十八位將軍各歸其星宿之位。

在「三國演義」中，作者賦予諸葛亮以上知天文的本領，能知人與星相應的關係。某夜，當孔明先生仰觀天象時，忽有一明亮之星在成都北方天空迅速墜落，不覺驚呼「子龍休矣！」未幾，即有人來報「趙雲將軍病故」。後來諸葛亮在戰地生了重病，醫藥罔效，發現他自己的那顆將星黯淡無光，搖搖欲墜的樣子。於是，在五丈原上設立神壇，自行作法，祈求天佑。並嚴令守護四周的校尉不得讓任何人進入，卻不料，大將魏延硬闖進來破了法力。孔明先生不禁長嘆一聲說：「此天命也！」接著，他的將星在天空便掛不住而掉了下來。

世俗傳說，科舉時代考試，名列前茅的士子，乃是文曲星降生；至於，參加武學考試得優勝者，或在戰場上能屢敗強敵武功彪炳者，皆目之爲武曲星轉世。也就是說「地上有一位將軍，天上就會有一顆將星與之相應。」以前我國的大城市，多建有「魁星樓」，其中供奉著專司「點魁」的神祇。因爲世人俗眼不易分辨誰是星宿轉世而來，經祂法眼指點後，文才武略加倍展現，方能獲得在試場或戰場上之勝利。

二、軍隊階級識別的象徵性

現代我國在軍事方面多先學日本，後學美國。日本用三角形金星以代表將軍階級；美國則用五角形銀星，依其個數區別將軍位階的高低，很耀眼一望便知。每當多位將軍聚會在一處時，有人便稱之爲「將星雲集」。就美軍之例而言，使用符號區別軍階，尚有其「合理」的說法。乃以一株大楓樹及其上空作爲象徵性的依據：用大楓樹的巨幹來象徵美軍組織的基幹，以金黃色、銀白色的長方形狀代表尉級軍官；以金黃色、銀白色的楓葉形狀代表高於樹幹的少、中校軍官；以盤旋飛翔在楓葉之上，空中的銀白色老鷹代表上校；最後，以須抬頭仰望的銀光閃爍之星代表將軍。如此聯合組成一個體系來作象徵性代表軍官階級區分（以陸軍爲主），既有道理且明確。至於我國則用：金、銀色槓條代表尉官；金、銀色梅花代表校官；金、銀色五角星代表將官，很適合國情。因爲中國人自來都愛金子和銀圓，也愛代表國家形象的梅花，更樂意能（在夢中）爲其所愛的人飛上天空去摘星星。每當召開「軍事會議」時，眼見「將星雲集」，亮光閃閃，似乎也有些令人側目。

三、「摘星」的意義及條件

可用兩種不同的方式來說明摘星的意義：其一、美國的方式則是：軍官位階之上昇有如開始攀援一株大楓樹，先抱著樹幹往上爬，象徵尉級軍官階段；隨後努力向上，碰到樹枝，摸著楓葉，表示已爲少、中校級軍官；到了樹梢時，想再向上，便要抓住一隻老鷹，表示已身爲上校；於是不顧一切跨上鷹背，衝天而上，方有「機會」摘到天空的星星，以象徵軍人的位階到了很高之處，西方愛情小說中有「爲可愛的姑娘我願意摘星相送」的詞句，於此「摘星」幾疑是一種如夢似幻的情操。其二、在我國這依照神話式的傳說，一經身爲將軍在天上就會有一顆相應的明星，乃借用五角星形加在肩上，以象徵「命運和高貴」，容易爲一般人所接受認同。不論用何種方式來解釋「摘星」的意義，都是在說明這件事是不容易做到的（做夢時則例外）。也就是說：軍人若能升到將軍是要經過許多限制關卡的，這種限制條件有：學歷、經歷、考績、年資等。一般而言，軍官的培養程序可分爲三個階段：

首先是考選高中以上青年進入各軍種的軍官學校，受軍官養成基本教育，使一個青年人鍛鍊成有如「武士」一般的精神及功夫。其學習要領在「確實、熟練和反應靈敏」，使具備充任基層尉級軍官的能力。

其次是選擇服務熱心，表現良好的尉級軍官進入各軍種的兵科學校，去習得相關專業知識技術、戰術運用和各兵科之間的協同戰鬥要領，使其具備充任中層校級軍官應有的條件。

其三是使工作績優而具有發展潛力的校級軍官，經過考選而進入各軍種或聯合軍種的學院，去磨練戰術、戰略的運用，聯合作戰的指導要領和軍人武德（哲學），高深精神修養的領悟，使其具有適任將軍指揮大軍作戰的能力。

壹、摘星夢的編作

一、戰史的回憶

一般人不知就裏，只看到將軍握有權威，很神氣而且不難爲之。閒聊中常有人說：「將官動動嘴，小官跑斷腿。」事實上帶領野戰部隊的將軍們，不論是整訓、演習，尤其是擔任作戰任務，都不僅是「作秀」而已。在我這老兵的見聞和體會中，千眞萬確可以認定——「將軍難爲」。在現代戰史中，有其實例，分述如下：

（一）在八年抗日戰爭中的史實：

1. 民國三十二年冬「常德會戰，陸軍第七十四軍所轄之五十七師奉命固守湖南常德城，師長余程萬少將似是有學識、修養的軍人。所帶的部隊乃有相當戰力，而長於防禦作戰的勁旅。我奉命帶軍部工兵團第六連配屬於該帥，主要任務爲協助構築常德城防工事。按計劃是要做鋼筋混凝土的機槍堡，雖然運到一些水泥，可是沒有鋼筋。時機迫切，不能再等待，我們只得用堅實的小竹子替代鋼筋，完成計劃中大部分的工事。此時五十七師工兵連回來接替我連的構工任務，而派我連到常德城南約八公里山邊去「死守」一個孤立的連據點，其目的是阻礙日軍運輸車輛的行動

（按當時擔任此種任務的小部隊是要戰鬥意志很堅強而準備犧牲的）。會戰序幕由常德城西的太陽山開始，日軍急速的攻擊常德城，很快的攻下西郊的據點而展開慘烈的街市巷戰。日軍多在白天於飛機轟炸，砲兵制壓下，行近接戰鬥——白刃戰。在當時，國軍尚無衝鋒槍，火箭筒等裝備，而且士兵體力較差（營養不足，有時還吃不飽），在近戰肉搏時非常吃虧。必竟七十四軍是有榮譽感的部隊，奮力抵抗到第八日，只剩下魁星樓附近一段接近城東沅江岸的陣地尚未丟掉。當夜，余程萬將軍認為已盡全力作戰而援軍不至，完全玉碎也無意義，乃下令由城東強行渡河突圍。而對岸即有王永澍將軍的部隊，當可得到安全掩護。（王將軍來台後任安全局長，曾談及此事）

至於常德之外的兩個「死守」據點，在城南方我連這邊只受到日軍威力搜索牽制性的行動；但在城西方的那個營據點守軍是由五十一師派出的一個步兵營，營長是行伍出身而久經戰場的老兵（素稱能打戰的單位），日軍並未對其行眞面目的攻擊。卻在常德守軍突圍之前兩天，不知何故竟然撤走。（會戰之後，開作戰檢討會議，被認為是「擅自撤退」，營長交軍法審判，被處死刑）。

但日軍攻佔常德城之後，旋即遠撤。我連奉命進入常德城內，協助清理戰場，見到每個工事之中都有死者，而日軍匆促撤走，也未稍加處理其陣亡者，可見攻防戰鬥之慘烈情形。關於余程萬將軍的突圍行動，聽說長官對他並不滿意，認為他未能與常德城共存亡。，五十七師同仁在大後方出版了一本書，名為「虎賁萬歲」。其內容主要是敘述常德會戰之經過，而認為該師已盡到作戰計畫中，預想作戰責任。其所以自行決定撤出的原因，乃是由於友軍未依原定計劃構想行動。五十七師實不應被置於任由日軍優勢兵、火力完全擊滅的境地，故作戰之結果應無損於該師之榮譽，後來，余程萬將軍雖經調離七十四軍，且不久復任軍職，當亦會深切感慨於將軍之難為矣！

2. 民國三十三年五至六月間，發生衡陽會戰。陸軍第十軍軍長方先覺將軍率所部保衛衡陽，孤軍據守，抵抗日軍之攻擊四十多天。七十四軍奉命由西向東攻擊以解圍城之急，軍工兵團第六連受命以橡皮舟實施渡河（湘江），支援步兵建立橋頭堡，然後繼續運送大部隊渡河攻擊日軍背後。我連即自行搜索前進。並派遣斥候潛行過湘江，偵得東岸尚未發現日軍活動。乃即完成奇襲渡河準備諸事項，特別重視對空、地之偽裝而不被敵先行察覺我之行動。不料在預定發起渡河之當日所接到的命令乃是歸建行動，令人失望（也為衡陽困守待援部隊大失所望）。連隨團撤至邵陽以東山地一帶扼守要點，掩護本軍主力向湘西轉進。至此時方知第十軍抵抗日軍之陸空攻擊直到最後時刻，而援軍遲遲未到，不幸方先覺將軍及其殘部力竭被俘。未幾又聽說方將軍乘幾脫逃出險，然仍受到「審問」。在我認為第十軍能夠面對日軍優勢陸空兵力包圍攻擊，據守孤城一個多月，實已盡力戰鬥，不宜再予苛求（當時以一個軍之兵力據守大城能夠抵抗日軍攻擊達月餘之久者很少），於此更可見「將軍之難為」矣！

（二）在國共內戰中的史實

1. 民國三十五年冬，宿遷附近曉店子之戰鬥，整編六十九師師長戴之奇將軍率兩個整編旅

（六個團），歸整編第十一師師長胡璉將軍指揮，於運河東側地區，併列由南向北前進，進攻中共第三野戰軍陳毅所部。戴將軍之司令部與一個旅行進至曉店子附近時，與其另一旅及整編十一師之間相離開有較大之空間，被陳毅察知，遂以優勢兵力投入切斷國軍之聯繫，包圍戴師而攻擊之。激戰僅二日夜，據守陣地被共軍突破，乃以無線電話用明語求援。整編十一師悉以其六個步兵團及砲兵急往解圍，此際，陳毅令其第一縱隊（有三個師）執行「挖心戰術」，乘夜突入，攻擊位於曹家集之整編十一師司令部，卻被守軍工兵部隊拒止未得逞。但在此同一時間，整編六十九師司令部及一個旅竟被擊毀，師長戴之奇中將自戕成仁。然其另一旅乃在我空軍戰機極力掩護下，突圍西撤而出。整編十一師之主力救援不及，截擊未成，而陳毅之三野主力遂急速北移，退回山東「沂蒙山區」老根據地。

以一個職業軍人如戴將軍者，能晉達中將軍長階級，率數萬之眾，不知耗去幾許光陰？忍受多少折磨！但卻於激烈戰鬥中，一夕之間而軍毀身殉。將星遽然墜落，壯志煙消雲散，實令人有感於將軍之難為。

2.民國三十六年五月中，孟良崮之戰，其慘烈的狀況在戰史中罕見。當年在華中地區有國軍十九個整編師之多，總兵力約為七十萬人。徐州剿總所擬作戰計畫要點為：「各兵團分進合擊，一舉殲滅中共第三野戰軍所部之五十萬人。」將於五月十一日，國軍發起攻擊時，主攻乃是張靈甫將軍所率之整編第七十四師（為國軍中戰力最強勁旅之一，轄三旅六團，參戰兵力約三萬餘人），先以坦埠共軍為目標，積極攻擊前進。而在其左右兩側擔任掩護之友軍行動消極落後，乃被陳毅看出，趁機以相當兵力插入國軍間隔，切斷張師與友軍之聯繫。張將軍雖已即時覺察狀況不利，但未能斷然處置，不受共軍包圍，竟率師主力登上孟良崮（無樹無水的石山絕地）欲據以待援。陳毅乃得集結其第三野戰軍主力完成重疊包圍，不顧犧牲猛烈攻擊孟良崮石山上暴露的守軍；另以有力部隊拼死拒止攻擊前進企圖解圍的國軍各整編師。激戰二日之後，由於孟良崮山上岩石無法構工掩護戰士身體，且無水可飲，守軍戰力損耗很快。在戰場附近國軍主力（有二十多萬人）企圖消極前進行動緩慢，救援不力，以致被中共號稱「戰力最強」之國軍整編第七十四師（原七十四軍所屬三個師：其番號爲五十一、五十七、五十八，在抗戰期間曾被日軍稱爲「三五師團」。）於戰力迅速耗竭之後，立即被共軍擊毀，張靈甫將軍及十五位主要將校同時集體自殺殉國。

我在陸軍官校十五期畢業時分發到七十四軍任職排長，自高安會戰到湘西會戰結束，經過六年之久（民國二十九年初到三十四年秋）。歷經八次會戰，其間任排連長就有五年餘，在當時戰鬥部隊中就基層幹部而言，已算是「存在頗久」的了，對本軍重要將校多有認識和袍澤情義。當孟良崮附近發生戰鬥時，我是整編第十一師工兵營營長，受命在新泰城保衛第三兵團司令部，距離孟良崮戰場不遠，自陸空台聽到空軍戰機說：「孟良崮戰鬥中止」的不幸訊息時，幾乎昏了過去。

(三) 早已認知到「將軍難爲」：

如前所述戰史中，在當年常德會戰時五十七師余程萬將軍，衡陽會戰中的第十軍方先覺將軍，宿遷曉店子作戰時整編第六十九師戴之奇將軍，孟良崮作戰時整編第七十四師張靈甫將軍等所遭遇的挫折與毀敗，我皆在其戰場附近，對其戰鬥經過目見耳聞，所感受的沈痛憾事永生難忘。使我深刻認知將軍之生死榮辱豈僅是他個人有關的問題；也不只是對其所率軍隊的勝敗存亡的問題；很可能影響到整個戰爭的結果，甚或是國家、民族的盛衰安危。所以我肯定的認知：「得失之間禍福難斷」而「將軍難爲」。

就我個人的際遇而言，自從民國二十九年初在江西高安前線向七十四軍報到之後，接著是一連串的作戰，一起來的同學共十多人，有的在見習中就傷亡了；有的在當排、連長時便爲保衛民族永續生存而奮鬥犧牲了。六年之後，參加湘西會戰全面反攻時，只剩下四個人。接著隨部隊調動分散，聯絡不易。我則被派往第四方面軍司令部特務團當團附，再調第十八軍工兵營長。民國三十四年八月，抗戰勝利，日軍投降，帶來的不是復興建國，而是「國共內戰」。自此之後，隨同部隊東征西剿，轉戰於長江大河之間。直到民國三十八年秋，大陸局勢逆轉，播遷來台灣，初定之後，方知前述剩下之四人，只有我尙存！（雷奮強於參加馬歇爾三人調解小組時，被共軍「有意誤殺」了；李東暘在孟良崮作戰中負重傷後，亂罵共軍而被「活埋」了；郭祖濱於濟南圍城之戰中突圍而出，又回轉去找他的太太而不知所終。）回憶起來，在做中級軍官時，尤其是在戍守外島戰地多年（駐防過澎湖、金門、馬祖等處）專心壹志於加強戰備、訓練部隊等工作，那會有多餘精神去做什麼「摘星夢」，只要能確保台澎金馬自由基地便好。

二、長官的訓勉

（一）先總統蔣公中正對學業優秀人員的召見

1.在民國四十年代初，美國軍援台灣的規模漸次擴大，對於軍隊作戰能力之提高，除供給較新式武器裝備外，也重視軍官素質之提升。同時考慮到聯合作戰，相互支援能力的養成不可缺乏，亟須具有中美雙方共同了解的參謀業務處理程序。於是設立陸軍指揮參謀學校，分期考選召訓相關幹部，而以現職參謀為優先。那時我任職十七師中校副參謀長，被分派在第四期參與考試。乃以入學考選成績第三名錄取，在民國四十三年三月入學。第十七師司令部駐礁溪，我眷舍在宜蘭市建軍里，已有三個小孩子。受訓期間週末假期回家以火車為交通工具，旅途中火車搖動很少看書。但學期過了一半時，校中原陸大同學告知：「你要加油，其他陸大來此同學現有成績，已考不進前三名。」因此，我不得不在來回坐火車的數小時中勉強看書，但並未「開夜車」。聽說有幾位無眷同學非常用功，例假日也不外出，而志在必得「前三名」，因為畢業成績列在前三名的同學，依例會蒙總統蔣公召見的榮譽，同時也會予以提升職位。後來果然如此，在畢業那天，總統主持結訓典禮後，召見前三名同學而我是第三個人。數月之後就派任十七師五十團中校團長，這是國家元首所賜予的榮譽任命，乃人生難得際遇之事。

2.再蒙先總統蔣公為「學業優良」的另一次召見：民國五十一年初，當時我的職務是預備部隊訓練司令部所轄預備第一師上校副師長，在毫無心理準備之下接到命令要到石牌聯戰班第十一期受訓一年。這個訓練機構的全名稱是「實踐學社聯合作戰班」，屬於革命實踐研究院體系。在將行離職，往台北石牌班部報到的前一日，蒙預訓部司令徐汝誠中將召見，見面的地方是司令辦公室，他端坐在辦公桌後面的椅子上。我走到桌前向他敬禮後，相對的坐下來。他開口就問我：「你是怎樣活動去受訓的？」這突然的一句話很傷害我的自尊心，下意識的站起來就要走。他連忙說：「坐下，坐下，」我定一定神，然後說：「我還以爲是司令保薦我的呢！」他啊啊兩聲，打開面前的抽屜，取出一個信封說：「送你一點旅費，好好努力讀書。」他平日很有威嚴（喜歡罵部屬），我不敢不接過信封，道謝、起立、敬禮，向後轉小心地退出。至此我才聽說到石牌受訓，還得要自行活動的。不過，我仍然肯定那是一項「計畫培養人才的過程」，但用不著「鑽營活動」。在當年軍中有志節的袍澤很多，然亦不免有「急於名利」的人，否則徐司令就不會把我也看成那種人——他到任不久，對一般人都毫無認知。自此之後，似乎是無緣再見到這位長官。

在石牌受訓的特點，乃是師法「敵人之所長，日軍對付共軍的方法」爲主。所有教官都是前日本皇軍的優秀將校，總教官白鴻亮先生是前日本華南派遣軍的參謀長（我方給他以上將待遇），他的風度和戰術修養都很好。開課後不久，我就被講大軍戰術的日籍教官（姓（辻））「盯上了」。究其原因有二：其一、我是陸軍大學畢業的正期生；其二、我的眼神中仍含有當年的「意氣」。他曾經多次以「奇襲」的方式對我發問，意在使我爲難；又一次恰好遇上白總教官來視察教學——「現地戰術兵棋推演」，正値這位蓄意要使我「認輸」的日本教官，大聲地（通過翻譯官）在批評我的答案時，引起了總教官的注意，當我極力說明自己的方案（經過翻譯）之後，總教官竟然認爲我說的有理，答案可以成立。這一下子把那位日本教官氣的不知如何是好！但日本軍人還是能虛心接受，也服從上官指導，連聲說「是、是」。其實，我也是在反彈對方的「過分袒護已定的原案」而已。但我也隨即悟到白總教官主要是在鼓勵中國將校應能有「敢於發言」的精神。

這次受訓一年，日常功課很緊湊，爲了作業答案常會熬夜，但也頗有學習心得。在畢業那天，依例，先總統蔣公在主持典禮之後，召見「學業成績優良」的前十名學員，我居然也在其中。因此，隨後分發把我由預備師副師長「提高」到第四十九師——輕裝師去做副師長。

（二）胡璉（字伯玉）一級上將，特別的勉勵方式

民國四十三年間，有一天，我和施玉書（是老戰友也是老同學）偕同去問候胡伯公。到達時，伯公正與客人下圍棋，示意我們在一旁觀戰。那一整盤棋很快就告一段落，而客人也因事告辭，我們乃坐在一邊等候。伯公回頭坐下，先端詳我們一番然後開言，要替我們看相。這是追隨他多年以來，第一次聽到的話，使我楞在一旁不知所以。他用認眞的語氣對我說，要先替我看相。我木然望著他的樣子，似乎引起他的興趣和笑意。直到現在我還清楚的記得他的話——「你當不了上將……當上將要有下面三個條件之一：1要能得到元首的賞識，而你不可能進入官邸去當侍從武官（大概是我身高不夠，且是土木系的緣故）；2.要能有很高階的大官特別保舉，你也不可能得到當前有發言條件的人極力推薦（暗示他自己已失去此種時機）；3.若有作戰的機會，你還有可能性，可是現在已不可能有這種機會了……不過，你還是可以做到中將的。」這段話對

我後來的影響很大，而且正如他所料的，成爲事實。

（三）王潔（字朗如）中將的「知人善用」和「有功必獎」

民國四十八年發生「八七水災」，台灣中部地區災情慘重（當時很少有人爲的因素——不像八十五年九月「賀伯颱風」的災害，多因人謀不臧所造成）。先總統蔣公中正指示行政院（陳誠副總統兼行政院長）動員國軍支援各有關行政機構（如縣市政府、水利局、鐵路局、公路局、林務局、農業、鹽業等部門），先行做搶救、防疫、清除垃圾等事情，隨即展開恢復交通、水、電、通信等，安定人民日常生活；繼而重建農田、水利、橋樑、道路、鹽田、學校等遭受洪水沖毀者。其受災地區和造成損害程度，似乎比較賀伯颱風還要重大。關於救災、重建工作之執行皆以國軍派出部隊爲主（包括：人員、機械、車輛等）。而以位於台中的預訓司令部爲指揮協調中心，任命司令劉玉章中將爲救災和重建部隊的指揮官，副司令王潔中將爲副指揮官執行工作之進行，並即調派人員組成「重建指揮部」。當時指定我（任預備第一師上校參謀長）出公差爲重建指揮部工程組長，我去見副司令王朗公說明「從來沒有派師參謀長出公差」的例子，他稱「這是劉麟公的決定」，師長朱悟槁將軍考慮到「救災」是重大事情，而不便向司令提出意見。記得當時軍隊士氣很高樂於受命，劉玉章將軍很有威信，王潔將軍更是兼具才能與熱誠。而在指揮部內由各方調出來公差的人員也很合作、努力。且與政府機關派出負責聯絡的人員能夠密切協調，顧全救災重建整體目標的完成。在上述良好狀況下進行工作，排除各種障礙，於次年五月間達成行政院所給予的任務。（著有「八七水災重建紀實」分別存於行政院國防部、台灣省政府交通處、預訓部等有關單位。）

重建任務完成後，王朗公向劉司令建議保薦我為預一師副師長（少將編階職位）。而於民國四十九年十二月一日，蒙先總統蔣公中正核定調升，發佈任職命令。

三、將軍的候選

大陸被赤化之後，五十萬大軍先後轉移來台灣，其中幹部人數的比率偏高。經過整編之後，中級軍官人數超過編制，乃於團級以上單位增設副主官和副幕僚長，此外則編成軍官戰鬥團數個以容納之。若僅就將官編階的人員而言，師的副師長少將編階，在編裝表上每師僅有一員。在那時，每一個實編步兵師就有四個副師長，預備師則只有兩位。軍設少將副軍長二至三員；軍團設中將副司令二至三員、副參謀長少將編階增設有四至八員者、政戰副主任亦有二至四員。至於各軍種總部及參謀本部和國防部亦多派有將級增設人員。可是國軍將官編階有定額，而佔將級位置者遠較規定官額為多，故有候選辦法之制定。每年依據規定官額之空缺來選定予以晉升——佔將官編制位置者補充之。

我候選少將自民國四十九年十二月起，到五十五年十二月止，前後有六年之久，調動了三個部隊，其經過情形概要如下：

（一）任陸軍預備第一師副師長（少將編階）

當年預備第一師之編成乃是由與第十八軍有淵源的單位人員併編而成——主要爲番號取消的十八師和七十五師之官兵。（曾被好事者戲稱爲「土木系的人」，土者十一也，木者十八也，隱喻：陸軍第十一師發展而成爲稱第十八軍，亦似有「中傷」的含意）。該師第一任師長孫竹筠將軍，出身前中央軍校十二期。在十八軍服務甚久，文武兼修，是一位優秀的忠貞幹部。頗具備向上發展潛力，僅以一件「無關宏旨」的事而被調職，自此未見用要職，傳言這與打擊「土木系」的傲氣有關。

我是由國防大學聯七期畢業分發到預一師當參謀長，那時的師長朱悟偶將軍是軍校十三期，陸軍大學二十期畢業的學長，宏才大略，氣度豪放，可是對參謀業務很認眞，於公文處理尤其重視。往往上呈較複雜文件，再三批示「再研究」之後……方能核可。是故遇到有時限的「公事」，承辦參謀每每請求我先行「代批」發出，然後補呈（常會不符合他習慣性的要求）。

我因「八七水災重建」辛勞之功，而調升本師副師長，在此同時，朱師長也榮升要職。由高任將軍接替本師師長之職，他才思敏捷，處事明快，非一般將校所能企及。因而在石牌聯戰班受訓時，會發生「龍虎豹兵團」答案與日本教官原案相似之說。但治軍嚴格，出言較重，頗爲染有「土木系」氣習之校尉幹部所敬畏。我在高師長麾下任副師長很受禮遇。但仍爲上級留住出公差，直到民國五十一年二月，因調石石牌聯戰班十一期受訓，才離開預一師。

（二）再任陸軍第四十九師「輕裝師」副師長

我在石牌聯受訓一年，因成積在前十名之內，又蒙受先總統蔣公召見，感到無上光榮。結業後分發四十九師再任副師長（據說由預備師調往輕裝師的相同職務，乃是鼓勵之意）。

第四十九師係由青年軍之二〇六師改編而成，官士素質甚好，表現在參謀業務方面頗爲顯著。那時的師長李自寬將軍爲人忠厚、不善言辭。有四位副師長：劉新民上校、黎柏森上校、黎植蒔上校和我，參謀長黃慕韜上校、繼任爲朱志遠上校，政戰主任高國藩上校。四位副師長的工作分配，大體上有其範圍，我的任務主要是有關參四後勤方面的督導。由於參謀素質優秀，風氣正常，故在工作方面感到較爲輕鬆。同樣，我仍然是將軍的候選人，不過，輕裝師的副師長是很少晉升的，何況排名第四位次的人。

㈢　第三次調任陸軍第十九師（重裝師）副師長

1. 民國五十三年七月，再次調十九師首席副師長。意想不到的竟然把我調回到「土木系」的單位——該師乃由原十八軍第一一八師於整編時改變番號而成的。曾在金門古寧頭戰鬥中，擊滅共軍的主要部隊，擁有最光榮的國軍榮譽旗；故號稱「虎軍部隊」。

回到老部隊報到，發現團長以上皆不認識，和全師的營長幾乎都是似曾相識！我離開十八軍不過八年而已，人事變動爲何如此難料？能不令人感慨！

師長梁鳳彩少將，中央軍校十五期畢業，在陸軍知名的五十二軍服務甚久，爲人穩重寡言，是一位戰將。其他三位副師長是：嚴佛元上校、呂錫玲上校、趙濟世上校、參謀長陳上校、政戰主任宋炳南上校。我就新職不久，師奉命以一個步兵團參加雙十節閱兵部隊，要先行訓練兩個月。由步兵第五十五團編成，團長王九如上校很能幹，梁師長派我去督導之。軍長郝柏村中將爲校閱指揮官，他每週都會來看步兵團的訓練情形，因爲「喜歡罵人」，而且似乎相看兩不順眼。每當他到來時，我打過照面敬過禮後，就走到另一邊去，讓王九如陪著「聽訓」。結果，在雙十節閱兵典禮時，這個步兵團表現得令人很爲滿意。

2.民國五十四年仲夏，十九師移駐下湖，準備反攻大陸。因美國不予支援，而作罷。未幾師改往馬祖接防，擔任南竿之守備。我兼任馬防部的幹訓班副主任（主任爲馬防部司令官雷開暄中將）負責：軍官團教育暨預備士官之訓練等任務，班址設於南竿之山隴漁港。

貳、有夢成真、三朵梅花換一顆金星

一、晉升將軍命令與授階

（一）在馬祖奉命「召見」，交通船誤期

民國五十五年十二月下旬，馬防部電話轉知：「召見，即回台灣。」我也不知道是什麼事，等有船就走（當時台馬之間只有定期軍艦交通，水上飛機曾被中共擊落兩次，甚少再用）。因船誤期，到達基隆港時，已是十二月三十日下午。留守處主任在碼頭接船，見面先說「恭喜，國防部已知船期延誤，上午授階典禮已經行過，不用去報到了，命令及領肩章都交給我們。」接過命令，看是自本年（五十五年）元月一日起晉升少將。留守處也派車子送我回桃園八德家中。雨玫和小孩子們（鍾秀、養衛、宜秀、養衡、養民）都很高興。次日，照了一張全家福相片，並放炮竹誌慶，鄰居們也都來道賀。即行乘坐下一班船回馬祖。並請馬防部司令官雷開暄中將代表授階，少不了也賜宴祝賀。

（二）晉升將軍後的感受

1晉級將軍乃是國家對於軍人的賦予重任，並表揚其勛勞。一般規定有較嚴的標準，如：學歷、經歷、戰功、考績、品德、體格等等。此亦因國家之名器不能輕易授予，以昭隆重。

2.由於歷史之教訓，已深知「將軍難爲」，要能「進不求名，退不避罪」，而且軍階顯耀，極易招致人們之嫉忌、毀謗；尤其是「兵權在握」，常會被人猜疑，蒙受不白之冤。

3.令人直覺到的是佩戴領肩章，較之前上校時方便多了，但也有其不便之處——似乎不能像校官那樣，穿著軍服在街上走。

二、不曾打仗的萬人敵——步兵師長

（一）升任陸軍第三十二師（重裝師）師長

民國五十六年五月底，接到調升陸軍第三十二師師長的命令，因在外島船期不定，未先行召見。新報到單位在金門，當我到達台灣時，距就職日期，尚有空數日。回八德家中後，換軍常服，往陸軍總部見總司令高魁元（字煜辰）上將。。見面後談話不多，他說了兩點：「其一、是我保舉你當師長的；其二、在政戰方面有點資料，有則改之，無則勉之。」總司令說的第二點令我不懂，我問是什麼事？他說：「沒有什麼，到差後努力吧。」我想弄清楚是什麼事，於是到陸總政戰部去見白萬祥副主任。先向副主任問候，再請問總司令說的「有則改之，無則勉之。」是什麼一回事？白副主任坦稱：「軍團給十萬元獎金蓋眷舍，留下了五萬。有人反應這事，當查無確證，事情已過去多年，不用介意了。」其實沒有這回事，但我很感謝白副主任的坦誠相告。不過一件「查無確證」的事，居然要上呈總司令，我覺得很不可思議，也令人想起一句俗語——「世上無冤枉，牢裡少犯人。」

（二）六月十五日，乘軍機到金門，先到金防部見司令官尹俊（字杰夫）上將。次日，隨他到陸軍第三十二師佈達到任就職，當時師負責金東地區之防衛，任務頗重。而這個師又有「難帶」之名，但轉念想到我曾久歷「戎行」，在六個野戰部隊任職過，可以算得是「老兵」了，還多擔什麼心！

卸任師長劉舜元將軍是前期學長，山東人風格直爽穩重，是一位標準軍人，交接一切順利。四位副師長是：何楚生少將、嚴學游少將、何福祥少將、楊玉方少將，參謀長陳啓漢上校（繼任許宏烈上校），政戰部主任陳忠曾上校。團級主官：九十四團長李榮宗上校、九十五團長張鍾岫上校、九十六團長董福生上校（繼任王漢增上校）砲兵指揮官董萍上校（繼任范耀庭上校），工兵營長岳國忠中校。

（三）九十六團「因功得禍」的「溪邊事件」

當我到差不久（六月十六日就職，九月十八日發生暴行事件），金防部所轄五個師射擊比賽，由每師指派一個建制步兵連代表參加。本師先行預賽，由九十六團第一營第一連取得代表資格，參加金防部舉辦的比賽，榮獲第一名，由司令官頒發獎狀、獎金，並請全連參與會餐。慶功晚會則由師長代表主持，會場在溪邊一處小型禮堂內。當節目進行到一半時，忽然有人從左邊窗外投入兩枚手榴彈……，突然發生的事使參加晚會的人員都驚慌跑走，只留下師長在那兒，想要知道究竟是什麼一回事？數分鐘後有一位兩棲偵察連的士兵跑過來，在電燈光亮之下，應是看到我的領章（一顆金星）而留下來陪著我。……未幾第一營黃營長跑來告訴我，「是第一連志願留營又後悔的士兵出的事」，部隊都掌握安定下來了。我立即回到師部向司令官以電話報告「是得獎連出了事，海岸警戒無問題，」當夜，相繼得知事項如下：

1. 暴行發生原因，九十六團第一營第一連一兵志願留營士兵憤怒派差不公，沒有吃到晚餐，也不讓他參加會餐和晚會，而且看到同時入伍的都期滿回家，自己有所感觸後悔。

2. 因暴行而受傷的有：副師長嚴學游、何福祥、團長董福生等數名，其中有一名士官傷重不治。

3. 金防部兩棲偵察連一位士官，一直在保護師長的安全，他並向金防部政戰主任報告：「當時三十二師的人全都跑光了，只有我陪著師長在那裏……」主任發給他獎金五千元，以鼓勵他的勇敢行爲。

4.我向尹司令官報告，師長對上應負此事一切的責任，九十六團董團長、黃營長請從輕處分。（陸軍總部以師長到職不久，僅受連帶處分——記大過一次。團長傷癒後調職。）

「溪邊事件」之發生對三十二師的士氣不無影響，但亦接受了「滿招損」的教訓，經幹部之反省與努力，遂得以迅速恢復信心，如常負擔重要任務。

其後，部隊輪調回台灣，先總統蔣公召見時，我乃將此一「暴行」事件的「單純性」據實報告，並認爲自己不夠「謹愼」……應負失職之責。

民國五十六年九月十八日，在金門防區所發生的「溪邊暴行事件」，給了我很大的教訓。當我站在溪邊禮堂強烈電燈光亮之下時，只有兩個想法：其一、到底是誰幹的事？不像是共軍潛入擾亂！不像是友軍找麻煩！也不應該是本單位的人所爲！我是一個新師長，對本師尙無恩仇！其二、想當年在抗日戰地當中少尉排長有兩年多時光，遇到多次的艱危，都會有幾許袍澤和我在一起，今夜是少將師長……卻獨自站在燈光之下！這是一個新單位，與我毫無「情感道義」？他們跑光是很自然的，何況他們似乎都沒有戰鬥經驗，想到這裏我才覺得是自己處身於一個新單位之中，實在「不夠謹愼」！也印證了「將軍難爲」的道理。

在那寂靜而危疑的時刻，居然有一位「蛙人戰士」跑到我身邊來，他光著上身、穿著紅短褲，拿著卡賓槍，讓我認定他是兩棲偵察連的士兵（因爲偵察連的營房就在旁邊），他也認定我是師長（我穿著草綠色軍便服，衣領上的金星在電燈光下閃爍著）。……就在當夜，他向金防部政戰部主任敘述了「保護師長」的情形，其實他在與我共安危，算得是一位勇士，意想不到的是「他證明了三十二師的人沒有跑光，還有一個人站在那裏。」

三、成為中將候選人——陸軍總部之供應司令部工兵署長（編階中將）

（一）先總統蔣公的召見

民國五十八年五月初，梅波文少將（工兵署副署長）因出差之便，到屏東潮州師部來訪，告訴我將調升工兵署長，我毫無所知，但相信師長任期兩年將到，應會調職，至於到那裏去工作？我是向來不問的。未幾接到通知總統召見，當即前往台北陽明山報到。在陽明書屋前院等待不久，侍從武官即來引導進見。走到書桌前方，向總統恭敬的鞠躬，然後遵指示向前就坐、問安。總統很扼要的詢問部隊訓練及防務情形，我一一作答。中間，老人家曾以右手摸下巴，眼睛稍閉起，似乎在想某一件事情。我利用這一點時間放鬆自己的頸部，眼光觸及桌子上的「大簽」，只一剎那間看到幾個端正小楷的毛筆字，其中似有「工兵署長」字樣。……趕快抬頭答覆總統關心士兵生活的問題。……最後，總統勉勵：「好好努力，再見。」我乃起立，離開椅子，後退兩步，鞠躬，向後轉身，走出門外。侍從武官仍在前引導至會客室小坐。侍衛長孔令晟中將走過來問，到那裏去知道嗎？我答以「不清楚」（我不方便說在無意間看到「大簽」上的幾個字。）下山時，想到「如果總統當時提到「工兵什麼的話」！我一定會稟告「當特業署幕僚的學能實在不足。」奈何！面對元首怎能貿然提出他未曾垂詢有關自己的「人事問題」。

（二）命令發表，（要求）即行到差

過了幾天，國防部命令送到以六月十六日調升工兵署長，師長職務由何楚生少將副師長先行代理（可見長官們在當時關切工兵署之狀況）

1.在到職的前一天去見王朗公（王潔中將），見面時他說「你任工兵署長，我已知道，一則以喜，一則以憂。」我就將上週召見時的情形簡要說明……。恐怕難以勝任，所以先來請示怎麼辦？他以「不要怕，小心去做」，並慰勉一番。

2.由陸軍供應司令周士瀛中將佈達。他在高煜公當陸軍總司令時任參謀長，是位德高望重的前期學長，爲我說明了供應司令部的任務重點和對工兵署的期望。

卸任署長倪世英少將並未參加，也未在署內相見，他調國防部聯訓部委員，可能心情不愉快。爲整頓工兵署風氣，國防部總政戰部簽辦工兵署姚副署長和兩位組長（可能有冤枉三人均先被收押禁見）。

3.到工兵署時，已備有主要人員名冊和簡報。副署長梅波文上校、曾騰飛上校、姚毅上校（因案未到），工兵基地處長孫蔭甫上校。由綜合參謀作簡報，各組長答覆我的詢問，初步我認知其大要事項如下：

（1）姚毅副署長被羈押事件之實情；

（2）營產清理取得「權狀」情形；

（3）各項工程任務概況；

（4）工兵基地處補給、修護狀況；

（5）各營工隊狀況；

（6）工作管制考核概況。

（三）爲姚毅副署長申訴委屈

當進入狀況之後，即到國防部見參謀總長高煜公一級上將，主要是請他指示當前工作的重點——關於工兵署的改革風氣和提升工作效率。隨後，我提出有關姚毅「接受餽贈」一事的看法和處理意見：姚上校爲人端方誠實，學能優秀，甚得同學之認知，今以不確定之物證，而認定其違法，監察部門或有臆測之誤。國防部爲整飭後勤單位風氣，竟以並非重大案件，越過陸軍總部而先行羈押偵辦之。部外袍澤多有不平之聲，實宜交由陸總查實處理，避免造成冤獄。以高煜公之英明，相信我所言非虛，遂採納我的建議，交由陸軍總部查辦。其後，經詳查認爲「並無犯罪之意圖」，而得洗刷其清白，宣告無罪。

（四）發現一位「自以爲是」的人

到任不久，當我巡視署部環境內務時，有一間軍官寢室門外放置一輛腳踏車，攔著不讓人進去，而室內則亂七八糟，眞令我奇怪不已。責問之後，原來是一位退伍中校佔住多時，已分配有「松柏村」個人住所，仍不肯搬出。警衛憲兵班長在旁聲稱，他進出營門身穿便服帶有刀子一把，沒有人敢問。眞是「匪夷所思」，軍營之中竟會有這等事情。我不禁問憲兵班長，你怕小刀子?答稱:「不是怕小刀,是怕得罪他不起!」我追問究竟?原來他是署長的十四期同學。次日,爲了禮貌,我請他到辦公室談話,這位學長自以爲懷才不遇,人事不公平,還謾罵「校長」。其態度惡劣不可理喻。我交代行政室替他搬家,今後來署應依會客規定辦理。他很生我的氣!揚言要到我家裏找麻煩,擔任警衛的憲兵班長「好心」,一面通報板橋憲兵隊注意,一面到舍下告知要小心點。(其實後來他火氣出過了,也沒有來找麻煩,我也不再追問這件事請。)我到工兵署時,有一傳言,上級派某人來整飭「紀律」的。俗語「斷人財路」是令人懷恨的,有人勸我要多加小心。於是,當我住宿在署內時,最初還帶著自衛手槍(那把在大陸作戰時隨帶多年的白朗令,後來也依規定報繳了)。

(五)對於工兵基地處(四級廠修護及零件補給)的改進措施。

1.關於對各部隊之三級廠所申請零件補給問題:各單位依程序申請工械零件補給,大都覺得四級廠工作效率不夠,有時待料很久,仍然是「待料中」,以致工兵機械停用率很高,時有不滿之聲。其原因有三:

(1)向美國申請作業發生阻礙;

(2)三、四級廠之間,有關工械零件補給之互動關係是否正常,申請及撥發程序,表格使用等是否熟悉而無錯誤,未能檢討協調謀求改善,自以爲是,相互推諉責任;

(3)工兵基地處其零件材料庫之管理方法是否適當、正確?零件材料之獲得、儲存、撥發等之帳料數字是否相符?若有疏失錯誤,而懶於糾正,必會影響工作效率。

由於上述之認知，乃責令承辦部門採取步驟實施檢查各三級廠及工基處之作業情形。召集有關主官、承辦補給人員檢討，提出改進具體辦法。今後定期分往各廠檢查是否認眞改進？在前述各項進程中，署長亦於適當時間，視察其實施情形及效果。

對於零件補給各方面情形，在作業及執行人員能夠進入狀況，運作步上正軌後，隨即開始與美軍補給顧問協調檢討軍援零件問題，以解決常會發生的困難和阻礙問題。

2.關於各部隊三級廠送交工兵基地處之工兵機械進廠修理所引起之問題：

（1）申請送交方面（批評）：認爲機械送到檢查區後，基地接收人員檢查嚴格程度近似刁難，而且零件待料也是基地責任。往往經等候數日之久，仍無法辦妥入廠待修的手續。但是有人「請客、送香煙」，就能順利辦理。基地處應該嚴格要求糾正這種事情發生。

（2）工兵基地處方面（解釋）：依照規定，送修工械必須完成「三級保養」，方能送基地廠，若欠撥待料應附申請證明即可。關於有「請客送禮」之說，應提出事實證明檢舉之，以共同維護軍紀（不應以此作爲不守規定之藉口）。

前述各執一詞的情形，經常發生，亦因此而使修護時程延誤。乃召集有關人員講習、檢討，重申「標準規定」依照實施。工基處亟應改善「進度檢查作業」。對於不遵守送廠程序之事件，適時通報各相關單位。工兵署亦派專業人員不定期到工基處抽查「在待檢場」未辦妥送廠機械的延誤原因，以追究責任。

3.關於在工基處內待修重機械，留廠時日過久問題：在修護工廠一旁空地上，停滿了部隊送來待修的裝備，任其日曬雨淋，有的已銹色斑斑，似是醫院中垂危的病患，令人不忍卒睹。都是貴重的機器，耗費國家不少資源，歷來少有長官重視，過問此事！

其次，當我巡視工基處修理工廠時，見到前述情境，忽然心念一動。乃詢問在旁的負責廠務軍官：「那些機械是什麼時候送修的？可有登記分配工作？」他不意我會問到這個問題！隨後乃由另一位校官送來一本登記冊，……我走到就近的一部「挖土機」，問：「何部隊何日送廠？是那裏故障？有無修復材料、零件？可曾指定修理人員？預定修理時日多久？」這一連串想不到的問題，讓馬虎的人無法肯定答覆。於是，我叫隨行專業參謀和基地人員共同做一張簡表，把在場中的待修機器逐一登記（註明我所問項目答案），以便我下次來時查對。在其後，只要我經過工基處時，常會抽空去轉一圈，照表抽查「等待修理的重要機械，其進、出廠和修復的情形」。

為保證工兵機械的適當堪用率及緊急修護之效率，對於工基處庫存零件缺乏，而又無法以短期內獲得美援相關零件補給時，得於工兵署派員實施查核後，由修護所屬單位預估在國內可購到之數量價款，提出申請專款採購，以簡速之作業程序經署長在權責內核准之。並使其可實報實銷，以保證其能完成所給予之修護任務。

(六) 以嚴正態度執行工程任務，確保工程規格品質，並依時限完成。

工兵署亦負責有關陸軍各項工事（工程）構築策劃、建議、指導及監督等任務。有時在本島之建築，亦逕行發包由民商承造，在這方面是比較會產生問題的。

在此我應該先說明的是這篇「回顧」文章有其「時、空的範圍——它是民國四十年代到六十年代，於自由中國台澎金馬地區所發生的歷史事件」。那時候還沒有聽說過「黑金」這個名詞，大多數軍公教人員都能夠「守規矩」。因此，有關軍事工程的進行與管理都有其法令規範和政策辦法可遵循。工兵署乃是執行單位，主要在遵守法令、軍紀，依照「計畫規定」或是「合約議定」，督導實施，確保工程品質、規格，能於時限內完成任務，實比較當前（八十年代之後）簡明得多，仍然是「太麻煩了」。尤其是看到那些公文字句——什麼「圖利商人」、「可能受賄」、「涉嫌接受餽贈」……等，委實令人「厭惡」的臆測、模糊之辭，會覺得有損自尊心。

參、忽然調動到聯勤總部任工程署長

一、意想不到的事情居然會發生

民國六十年三月下旬某日上午，兩位主要軍職人員到工兵署來見我，說是：「成堅會到工兵署來，你要到工程署去，命令即將發佈，那裡出了大事，你不能去。」我將信將疑！我向誰來表示不願去呢？爲什麼高總長不問我一聲呢？正在悶悶不樂之際，下午果然國防部人事命令到了！我內心在笑上午來見的兩位「好心人」，他們算是「後知後覺者」，但我卻是作了卅多年的「不知不覺者」。命令生效日在四月一日，很急促，只好請副署長梅波文少將代辦移交手續。軍人本色奉命惟謹，於是帶著「納悶、疑問」的心情到聯勤總部去報到。未幾方知參謀總長要交班，人事要有所調整—（總務局長成堅自然要調動職位，他希望當軍長，但無缺。而聯四次長出缺，要由工程署長鄭學燧調昇，成堅不願到工程署去，只好調動我，由成堅到工兵署來，當時我有個疑問，爲什麼成堅不願到聯勤去？）

二、就新職前，行政院長蔣經國先生的召見

前一天接到行政院的通知，次日上午院長要召見我，這是代表總統的一項「親任式」，國軍將領對蔣院長是非常崇敬的，可是在他左右的「謀士們」對「土木系」幹部的刻意打壓，我深不以爲然，以及當「溪邊事件」發生後，他到金門去視察時，對我冷漠的態度，亦讓我留下深刻的印象。所以當我進入行政院時，內心是很淡然的，侍從人員引導我到院長辦公室門口後，就退往一旁，讓我一直走進去，初不料他從書桌後走過來迎接，然後回到書桌後面，我也就照官式召見規矩，在書桌前相對坐下。他談話的要點主要是強調工程署長的重要性和歷任署長任滿後的位居要津。我大部分的時間只是聽他說話，並沒有提出任何意見，也沒有表示「感激」之意，室內氣氛很不自然。最後，我說會謹愼努力的去盡到職守，就起立依禮而出了。這次見面時間很短，院長表現了禮賢「下士」的風度，可是他對這個「下士」一點也不認知。

三、離開陸總和進入聯總的感想

民國六十年三月末，我和內人毛雨玫被邀請參加陸軍總部的歡送餐會，由總司令于豪章上將主持，會場內有十多桌，只有少數幾個調動的人，其中階級較高的是十三期學長袁國楨中將，因海軍陸戰隊司令任期屆滿調任聯勤副總司令。陸軍高階人員中，有兩句很不好聽的話──「打倒一個算一個，調走一個少一個」。會餐中，敬酒如儀，我和雨玫是不喝酒的，於是袁成了敬酒的目標，不到半個小時，他忽然向後倒去，頭碰到地上，聲音不小，歡笑聲霎時停止，人被送到休息室去，該是他喝多了高粱酒醉倒，後腦也傷得不輕。（數年後，他患肌肉萎縮症去世，不知是否與此有關？）當時會場中的氣氛讓我覺得于總司令的樣子不像是「歡送」我，其他的人大多很客氣，卻沒有「送別」的表情，使我聯想到──會是被認定「活動」去就任一個好差事。三年之後，我被調到東部師管區工作，並兼任台灣第二作戰區司令，負責花東地區戰時地面部隊之統一指揮，而歸陸軍總部「作戰管制」。我於參加作戰會議時，方有機會向于總司令說明「離開陸軍，事前毫不知情，亦非所願……」于對我所說的話毫無反應，完全不像是面對七十四軍的老戰友，或是陸軍的老幹部。

離開工兵署時，供應司令部頒發陸光甲種獎章，同時與接任工兵署長成堅商談交接之事（僅由副署長梅波文代為處理）。

四、到聯勤總部去就新職——工程署長

於民國六十年四月一日上午，在聯勤總部大禮堂內，由總司令劉廣凱海軍上將主持新舊任交接典禮。卸任署長鄭學燧中將，留美學生，是廣東人，升任國防部後勤次長。遺缺由我去塡充，事前我並不知道。我也從不過問人事調動的事情，這是自當排長以來養成的懶習慣。接著參加歡送鄭學燧的茶會。

到新工作單位午餐後，聽取署部簡報，隨即到北工處主持處長交接典禮，新任處長吳雯上校，舊任處長呂樹淼少將調升本署副署長職務，晚上參與總司令劉孟公的晚宴，他是海軍英雄人物，與胡伯公很相知，所以我很是敬重之，有關聯勤總部高級人員得知爲副總司令華心權中將、郭永中將、袁國楨中將、參謀長曹起成空軍中將，政戰主任劉紹基中將。

工程署主要人員：副署長：朱于柄海軍上校、呂樹淼陸軍少將、沈安邦空軍上校、政戰部主任謝良琦少將、總工程師李大經、副總工程師李維漢（後升總工程師），預財室主任王質君上校、行政室主任何上校。

北工處長吳雯陸軍上校、中工處長倪善富空軍上校、南工處長劉紀奉海軍上校。

㈠　對聯勤工程署的初步印象

到職的第一天，行交接典禮後，就到工程署所在（當時在和平東路師範專科附近）觀看環境，給我的第一印象是「紊亂」，不像一個有秩序的單位，聽取了簡報後，覺得所負工程任務非常繁重，對工程進度的管制，缺乏一種令人可以做全盤了解的「顯示圖表和說明」。我認爲這種機構的工作效率非常重要，其中包含幾項主要因素：成員的才能和品德；作業規範的適切性；有關工程事項明確的法令規章，工程品質的確保；容易大意疏忽發生弊端之所在等等……。

次日正式上班後，我看到一個簽呈——要爲某單位徵試有關工程人員，預定命題兩百個，每題擬發給工作費三十元，共爲六千元（約爲一個中級軍官三個月的薪水）。我一時不知如何處理，讓我覺得所謂專業人員似乎非「錢」不能辦事！

（二）工程署到底出了什麼重大事件？

前文說到，兩位主要軍職人員告知，「不能到工程署去，那兒出了重大案子」。時間迫促，我一點消息也沒有。怎能向長官開口？又有什麼理由不到聯勤工程署去？何況根本沒有見到調動通知（召見）。於是「照老辦法」——聽其自然。

1.到新職後，留意其主要四項重大工程，並預爲約見相關人員交換意見：

（1）北定一號計劃工程：爲將陸軍總部搬移至龍潭附近之新建營區，由聯勤工程署設計、發包、承商施工興建。中工處派出人員組成「施工所」與陸總後勤署人員協調，監督工程之進行事宜。

（2）北定二號計劃工程：爲將聯勤總部遷移至南港附近之新建營區。由工程署設計、發包承商施工興建，北工處派出人員組成施工所監督施工。

（3）神鷹計劃工程：爲台東志航基地興建，由空軍總部設計，土方工程由陸軍工兵署負責

——第二軍團工兵群與空軍工程聯隊合作施工；飛行跑道及機堡、房舍等，由聯勤工程署負責發包，交承商施工，南工處組成施工所監督興建。

（4）固本一號計劃工程：於南部大樹附近山地，興建一處製造火藥的大兵工廠，由聯勤工程署負責設計發包；陸總工兵署負責土地之獲得及主要道路之構築。施工所則由南工處組成與廿六兵工廠協同監督工程之進行。

2.實地看完各項重大工程後的判斷：

判斷因素及給分標準如下：

A預算多而建築又較爲特殊；B施工所主任認眞負責；C使用單位要求嚴格；D高級長官常去視察；E本署工程要員力求表現之處所。給分標準——對上面各因素（A、B、C、D、E而言，甲符合十分；不符合○分；不確定5分），總分較少者易發生問題。

（1）北定一號工程：

A因素——不符合，0分　B因素——不確定，5分

C因素——不確定，5分　D因素——不確定，5分

E因素——不確定，5分　總分——20分

（2）北定二號工程：

A因素——不符合，0分　B因素——符合，10分（魏宏罡德能均佳）

C因素——符合，10分（總司令劉廣凱上將常去視察）

D因素——符合，10分　E因素——符合，10分

總分——40分

（3）神鷹計劃工程：

A因素——不確定，5分　B因素——不確定，5分

C因素——符合，10分　D因素——不確定，5分

E因素——不符合，0分　總分——25分

（4）固本一號工程：

A因素——符合，10分　B因素——不確定，5分

C因素——符合，10分　D因素——不確定，5分

E因素——符合，10分　總分——40分

依據前述之分析給分，其總分：固本一號工程及北定二號工程，同爲40分；神鷹計劃工程爲25分；北定一號工程爲20分，推測：北定一號工程（即陸總遷移工程）最可能出大問題，其次是

神鷹計劃工程（即台東空軍機場工程）也可能出問題。

（三）北定一號工程弊案揭發：

民國六十年九月十一日，聯勤總部新建大樓（北定二號工程）完成，舉行落成典禮，由總司令海軍上將劉廣凱主持，十三日，總部各單位遷入後，開始正式繼續辦公，數日之後，國防部總政戰部第三處（監察）處長屠森冠上校約我到台北市喝咖啡，見面之後，遞給我一封公函（以第三處名義致工程署的），打開一看，乃是請我查辦「北定一號工程弊案」，其態度很客氣，可是用這種方式定有其特別用意，我一時也判斷不出來。回到署裡和謝主任良琦商量，二人意見是：署內僅有監察官一人，無力量調查此案，何況這是前任（鄭學燧後勤次長）期間所發生的事，（正如我到任直前，工兵同仁告知的——聯工署有大貪污案，不能去。）委實不妥，且上面還有總司令，我們不能瞞著幹。乃決定兩人同去見聯勤總部政戰主任劉紹基中將，看他有何指示。三人研商後，他持總政戰部政三來函去請示劉總司令後，再決定如何處理，次日見到劉主任囑由工程署函覆——因人力不足，不適宜辦此案。我們也留意事情發展，保密察訪，並要求「嚴守紀律」。

1.北定一號工程弊案之後續發展：在八月下旬即有「北定一號大樓曾有圍標之說」，總部已下令組成「專案小組」進行調查此事，當時我向本署主要人員聲明，一切措施均不能妨害北定一號工程之實施與完成。

（1）九月下旬，上級監察官調查北定一號工程的「板橋案」。

（2）十二月九日，我向劉廣凱總司令報告：「國防部專案小組」突擊檢查「大東南公司」

及北定一號施工所，有關四項問題——圍標案、板樁案、紅包案、材料使用。中工處倪善富處長並未反應詳情，因係前任之事，我也不便過問，總部也「不想」過問——因爲前任升了後勤次長，怎樣都不好！數日之後，北定一號施工所主任丁玉麒上校被「國防部專案小組」約談後扣押，乃由夏鉦上校接替。

（3）自丁玉麒及李鶯聲被專案小組扣押後，署內「人人自危」，如再拖下去，勢必影響執行工程任務之能力；同時大東南營造公司也可藉口將工程擺下，（事前我和政三處長屠森冠曾談到：爲確保北定一號工程之能完成，希望能在十二月之後著手查辦，此際工程可能已完成百分之九十以上，易於處理善後。）我乃於十二月十九日上報告給劉廣凱總司令，其要旨爲「請上級重視工程任務之進行不能停頓，若北定一號工程不能即時完成，耽誤陸總遷移，其責任非常重大，應該爲此有所措施，否則，我是無能爲力了。……」

我的報告似乎是迅速生效了，謝良琦主任告知：賴名湯總長已批准，北定一號案自首者減刑之命令已分別發出。

（4）十二月廿三日，副署長呂樹淼少將被約談扣押；副署長朱于柄上校自首、被扣押，中工處長倪善富上校接受約談後飭回，打電話給我時，哭不成聲，想必是清白無辜受到委屈了。另有組長以下的六人自首無罪放回——這是劉總司令向層峰請求的德意。

2.北定一號工程弊案的結果與善後：

（1）因此案，本署被收押判刑者六員——少將副署長呂樹淼；上校副署長朱于柄；上校設

計組長王春庚；上校丁玉麒、中校李鶯聲、工程師陳文仁等，另依命令自首者九員。（並不公布其姓名）

（2）善後工作：北定一號計劃工程，仍能按規定時程完工，（此為我堅持的基本原則，並得到總司令劉廣凱上將的支持，否則工程難以善後！）但主管工程計劃設計部門的信譽卻遭受到莫大的傷害。由聯勤副總司令郭永中將主持研提「工程革新辦法」核定後實施。

3.身為工程署長的感慨——主要是當時的大環境：

（1）軍工人員待遇低，不足以養廉；

（2）聯勤工程單位為「三軍聯合編制」，尚未養成團體榮譽感；

（3）營造商唯利是圖，不擇手段誘惑掌管工程業務的人員；

（4）工程預算由下級編成後，呈報上級審核批准，通常若核得「較嚴」時，再經過「最低價」搶標，營造商人不作弊則無利可圖。

（5）執行工程任務單位之上級及友軍對工程標準要求高，動則以圖利商人的語言或文字相指責——對於有自尊心的人實難以忍受，而不甘心。

處於前述諸般不合情理的條件下，工程部門主管身負成敗及軍紀之責，眞有說不出的苦惱，而「不樂為之」。

（四）調任聯勤工程署長，關於時機的疑問？

1.當時認為是國防部將有局部的人事異動，由總務局長成堅的調動，以及聯三、聯四次長的調動，顯示參謀總長將有異動。我之提前（任期尚差兩個多月）要到聯勤去，當係成堅的消息靈通，知道聯工署已有大案子要引發，而由我前往，他則接替陸軍工兵署長，由表面上看似乎是「合理」的。

2.行政院長蔣經國先生召見我時，頗爲禮遇，在談話之中，提到聯工署很重要，首任署長調任輔導會祕書長。但未提及我之前任鄭學燧署長，令我覺得有點疑問。

3.一般看來，我之從陸總調往聯勤並無什麼不對，只是我心理上覺得很不舒服，有問題的地方，爲什麼常會派我去？

4.後來，北定一號工程弊案揭發，我才覺到：其一、爲何不在鄭任內查辦？而要將他升調後勤次長，讓接替者到職之後才來辦理？

5.當我們於北定一號案處理平靜之後，去問候高煜公時（已調任參軍長），他先開口說：「我知道你那裏出了一點小事情，已過去了！」長官們表現的好輕鬆，豈知道「本職」卻在替「人家」打了一場似乎是「不小的戰」。

至此方知，院長、總長對我這次的調動，早已作好了「不公平」的「人事安排」。一直到許久之後，我這個笨人才想到前任鄭學燧中將（品行端正的人），乃是廣東海南島附近人。但是他在工程署時，沒人「敢」查辦他所屬單位的貪污案——怕涉嫌排斥蔣媽媽的老鄉。「爲官之道多奧妙！」難怪胡伯公說我們是「愚忠愚孝」不知不覺的人。

（五）參謀總長賴名湯一級上將對聯勤的整飭軍紀：

1.傳言（據稱很可靠的）：老先生有一次談到——「從來沒有當參謀總長的人會提出辭呈，高魁元做了三年，就辭職讓賢。」於是又有人傳說——「高總長在辭職的報告中，曾自稱英文不好，未能作部屬們努力學習，提高英文程度的榜樣。」又據傳說——「賴名湯就是會說英文，所以被選中當參謀總長！」還有一個可信的傳說——「劉麟公曾和賴名湯上將開玩笑：『你當陸軍（賴是中央軍校八期生）沒有放過步槍（打戰也），當空軍沒有開過作戰飛機，眞好命！』」

2.我自己在場聽到的話：

參謀總長空軍一級上將，於就職未久，到聯勤總部視察時，集合各署、處長以上人員訓話，其要點是——「據報聯勤總部貪污受賄的人很多，……誰貪污，我就槍斃誰。」這是一段很不得體的言詞，其實他在不久之前，也曾當過這裏的長官，也似有「放縱之嫌」。果然賴總長說話「算數」，隨後即雷厲風行的查辦「貪污案」，國防部派出查辦人員似有「小題大作」之嫌，問話目標直接指向將官，言語也似乎苛刻一點，於是先後發生兩件將軍自殺案：

其一，民國六十一年十一月二十四日，聯勤總部留守業務署長章國輔少將，在其辦公室內以手槍自殺身亡。據說是——到任未久，沒有將以前之「例規」革除。或許是認爲「不要緊的小事情」，而且是早已行之有年了。竟然被上級監察官指爲「貪瀆」，爭辯不能見信，憤而自裁。（按，章將軍被一般人認爲品德不錯的。）

其二，民國六十二年二月十三日，聯勤總部測量署長周齊祁陸軍少將，因高速公路測量案有問題，被調為委員，自認受辱冤枉，精神失常，在家中以菜刀割頸自裁。（按，周將軍任測量署長甚久，成績卓著，該署曾獲甚多榮獎，因而自尊心甚強。）

由於前述二位將軍之自裁，聯勤同仁多有哀傷之情，曾有「該死的走了，好人氣死了」的傳言。

（六）我堅辭工程署長職務的理由

民國六十二年二月中，二年署長任期還有一個多月，此際署內一般情形已告正常，工作效率亦已達到合理標準；然上級調整編階，將本署主管人員（包括署長、副署長、政戰主任、各地區處長等）原來的編制階級各降低一級——署長原中將編制改為少將，其餘七員少將編制均降為上校級。（按，聯勤工程署為三軍人員聯合編組；和軍官、文職人員混合組成，而且文職工程師甚多，其待遇比將軍還高。其領導、指揮比陸軍工兵署還複雜，且不易產生團結一致之榮譽感。而陸軍工兵署之編制表並未改變，實欠公允合理。）自北定一號工程弊案發生後，經整頓改革以來，重大工程反而以倍數增加。編制內設計人員有限，未能對所有經國防部核定興建之工程，同時開始設計，每受需求單位之苛求責難。我在四年以來（未經詢問我之意願，逕下達命令）兩度擔任有麻煩（發生弊案待辦）的特業署長，心身疲累、損傷意志，勢必貽誤公務，浪費國家資源。深恐上級長官不察，似應自請辭職。經與聯勤總部人事署長劉同發少將暢談、請教之後，於二月十五日妥繕「辭職報告」並附「軍事工程業務心得」乙篇，送呈總司令鄭為元上將。

同時將前項的「軍事工程業務心得」分別呈送：

國防部長陳大慶先生（由王質君上校送呈）

參謀總長賴名湯上將（由陸德綏少將送呈）

三月二十三日，鄭總司令喊我去，他先說：「你的信看過了」，接著就談工程任務。然後一同去吃午餐。之後，他終於說：「回陸軍去當軍長，現在是不可能的。」我回答：「根本沒有想到回陸軍去，也從未向任何人提過要當軍長。」（按，自從十八軍「末代軍長」劉鼎漢先生之後，軍中的老戰友，直到民國七十年代沒有人當過陸軍的軍長，所謂被人戲稱之「土木系」，其實頗具有「中傷」的功用。）

三月十二日，王質君上校告知「昨天，養公叫他去，有所指示：其一、養公已告知于豪章、鄭為元兩位總司令，關於署長請辭之事；其二、養公已向賴總長說：「陳某肯做事，也敢做事，不要讓他閒著，他當過師長，任少將多年，要予照應。」

在三月中，聯總政戰主任劉紹基中將曾兩次向我提出慰留之意。

民國六十二年五月十五日，命令發布，我調聯勤總部研究督察委員會副主任委員；工兵學校校長梅波文少將接替工程署長，曾騰飛少將接替工兵學校校長。我很滿意這樣的調動，因為兩位接班的人都是很優秀適任的將軍。

以聯勤總部副總司令華心權中將告訴我的一段話，作為長久的思念（六十一年十二月六日，在華中將的辦公室內。）華副總司令轉述：「胡伯公（胡璉將軍字伯玉）他對鄭總司令談到你：『陳培雄傻哩傻氣，他會帶兵，能打仗，是忠厚人，要照顧他。』鄭總司令答稱：『陳培雄到聯勤來，是我向賴總長推薦的，為此事于總司令（豪章）還不高興。』」

感慨的話——胡伯公多年以來，認為我是「帶兵作戰的幹部；而鄭少公（鄭為元將軍字少白）則認為在當前環境，我不可能去帶兵，也無戰可打，就讓這個有「傻氣」的人去「管工程防弊端」吧！可是，鄭少公做的「好事」，他「害我」這四年來受累又受氣，幾乎忍不下去。說眞的，鄭少公忠於國家，敬事長官，寬待部屬。竟然能夠顧全我這個「獨行其是的軍人」，他算得上是在國軍中的「中流砥柱」了！

（二）調任聯勤總部研究發展委員會、副主任委員

那是個合乎一般人戲稱的「事少、錢多？離家近」職位。

1. 五月十六日，向研督會楊又曾中將（主任委員）報到。他告訴我「先休息兩週再說」！未幾，楊中將退休，由周士富中將繼任。隨後陸續到研督會報到的熟人有：王根榮中將（副主任委員）、劉同發少將、趙得英少將、陳雨辰少將等。

2. 謝自學上校（行政室主任）為我介紹國畫老師：謝主任鼎力推介，向蕭一葦老師習畫，他是溥儒先生（字心畬）的大弟子，世稱北派畫家，詩、書、畫三者，都有上乘水準。我很欽佩他國學的造詣，跟他學習，談天有「如坐春風」的感覺。

過了一段時間，我和謝上校談到想拜蕭先生為師，正式專心學習正統山水國畫。未知蕭先生是否願收我這個「老童生」？我請他去問一問。……幾天之後有了回應——須依古禮拜師，以昭慎重。我和雨玫商量後、樂意從命，於是和謝上校商量，從事「拜師典禮」之籌備，因徵得任卓

宣教授同意參與見證觀禮。

中華民國六十三年七月十六日，星期二上午十一時十分，天氣晴爽淡雲，在台北市和平東路成功新村蕭宅客廳，行拜師禮。上懸孔夫子像，蕭一葦老師和師母分別設座與其下，見證人：任卓宣教授和尉素秋教授，溥毓老教授、羅理濤先生分立側旁，由謝自學先生任司儀指導行禮：拜師學生陳培雄和毛雨玫面對老師站立。司儀喊：一跪三叩首；再跪三叩首，起立呈獻「束修」，簡單愼重的禮節於是完成。然後到永安大飯店午宴，敬酒慶賀，餐畢分送老師、師母，及見證長者回家。

就傳統道義而言，自此日起，我應即爲蕭師「入室弟子」，承受「北溥」畫派之「衣缽」。隔日，謝上校告知，依規矩（老師所言）今後去蕭老師家學畫，時間不受限制，也不必交學費，但每年三節（端午、中秋、過年）及老師、師母生日，均須拜賀送禮。老師在台灣期間，一一遵行無誤。我的畫藝亦漸有進步，但由名師親授指教不久，老師前往美國定居。我則因國家和家庭所發生的變故，其影響改變了我當時的思想——企望追求學術理論的研究與寫作，以留待爾後作爲歷史演變因果的見證及認知。於是興起進入學院研究的念頭，爲將此付諸實行。用了我後半生十多年的光陰，雖勉能初步達到目的，但對「國畫」之學習卻耽誤了不少進程，然對畫藝之嚮往並未放棄。

3. 我與謝自學上校爲陳雨辰將軍治喪：陳雨辰少將係陸軍大學正則班二十二期同學，爲人正直有義氣，常有「高論直言」，同學們戲稱之爲「小鋼砲」。到聯勤研督會當委員不久，是由華心權副總司令推薦的。數日前因病住三軍總醫院，我還去探望過他，卻不意去得這樣快。因為家中子女均在就讀，於是，義不容辭，要為他治理喪事。好在謝自學上校很有同情心，而且很能幹，我就請他幫忙。民國六十三年八月二十三日，在台北市立第一殯儀館，由華心權副總司令主持儀式，簡樸哀榮。一一三〇送至墓地下葬後，將覆蓋的國旗，由華副總司令交付於陳雨辰將軍夫人，留作永久紀念。事後，並為之辦理申請撫卹，以求心安。

4.六十三年九月二日，前往介壽館國防部長辦公室報到：一〇〇〇部長高魁元（字煜辰）先生召見，其情形如下——煜公問「好吧！」我答「在聯勤研督會當副主任委員，任務單純，責任輕，有時間讀書自修。」煜公問「鄭總司令做得如何？」我答「聯勤現在很安定，一切能遵照長官指示原則辦理。」煜公問「你身體如何？」我答：「很好！」並說：「一年多未來問候，但時常想念！」煜公說：「給你調動新職務」（當我在辦公室報到時，施玉書將軍已經告知我），我說：「謝謝煜公栽培！」隨即起立敬禮告辭退出。

5.調任台東師管區司令：九月十七日午間，人事次長張儒和中將來電話到辦公室，告知「命令已發佈，到花蓮東部師管區，於二十一日生效。」——於二十日收到正式命令。

6.在聯勤總部研究督察委員會的情形與感想：在研督會一年又三個月時間，公務上主要是參與：校閱、視察、訪問、指導會議、監交等。會內有將級資深軍官多人，分擔任務也不太多，副主任委員以上多由署處長調充，是一個調節將級人事之單位多分配有座車和傳令，仍有主官和服勤加給，同樣受一般人的尊敬，無損於軍人的自尊心。由於自己可利用的時、空較多，且無任何壓力和勞累繁難之事務困擾，就我個人獲益而言，有下列數端：

（1）獲得及時的緩衝機會，以恢復身心的疲憊，在此之前連續有六年之久（自民國五十六年六月至六十三年九月），先後擔任陸軍第三十二師，師長兩年、陸軍工兵署署長兩年、聯勤工程署署長兩年餘。但是，在台灣的重裝師有一萬三千多人，是不容易管教訓練、和執行外島及本島海防任務的，民國六十八年，有人認爲陸軍工兵署「風氣不好」，工作效率不彰——染有後方機關習氣。陸軍首長認爲要找一個沒有在後勤單位做過事的人去當署長，以糾正作風。而我先後在數個步兵師任職自排長到師長概有三十年時間，所以被層峰選中而到工兵署去，不知者以爲由少將師長逕升中將編階的署長，定有什麼「人事關係」——其實事前沒有人問過我這件事，和我自己也沒有「勇氣去當救火隊員」。至於聯勤工程署的前身是「軍事工程局」，對一般人看作是「好差事？」但是要「有學問的人」才能去充任其首長的，據說是出了「大案子」才調我去的。我生平不喜歡得到「好差事」，當兩任署長，在他人看來「眼紅」，我卻是倍感「責重事繁」。由於在野戰部隊多年習慣，養成了「不服輸」的個性，我要完成長官所予任務才對得起人。我當署長時，從來不抽包商一支煙，不接受任何人情請託，絕對做到公平正直，可是自己就得任勞任怨很辛苦。一旦調任聯勤研督會副主任，使我能夠得到及時的休息，眞是太好了。這也許是凡人血肉身軀和機器人比較最大差異性之所在。

（2）獲得時間去做喜好的事——學習作「國畫山水」：從小就愛亂塗鴉，自初小到高中圖畫的成績都很好，在各級軍事學校中，作「要圖」是我拿手的技術。當師長以下野戰部隊軍職，不可能去習畫，自民國五十八年之後，到陸軍總部工兵署任職時，就萌生了學習國畫的念頭……。除了有空就去看畫展外，也曾常到胡會俊將軍那裏去看他畫梅花。胡將軍是才子型的文、武軍人，他的梅花作品非常雅緻，拿起毛筆來揮灑自如，題字亦佳，讓我有很難學習的感覺。

後來看到老長官劉鼎漢將軍（字若我）的草書很好，所畫樹木山石也不錯，乃又向他求教數月，稍覺有進步，可以努力效法。若公多年以來「練書法」很執著，在任基層幹部時，即以「背硯台上戰場」傳聞軍中袍澤。數月之後，若公對我說「我的本事（指作畫）已經全般教給你了。」後來調到聯勤工程署——做一個我不願意擔任的工作（但人人都說是好差事）。於是，在這個「又忙、又煩」的陌生環境中，困擾之事甚多，那還有心情去學畫。好在到聯勤研督會之後，擺脫一切麻煩，靜下心來想到數年之後退伍，要做點什麼事？應該以學習國畫為第一優先（這也是所謂的「生涯規劃」之主題）。眞是「皇天不負苦心人」，得遇謝自學上校，由他推介認識蕭一葦老師，得為其入室弟子，這種機緣是可遇而不可求的。時至今日，回想三十多年前的往事，當然很感激謝自學老同事，更是感念不盡的是蕭師一葦悉心賜教，方使我餘生不虞虛度。

（3）多年以來，常想到自己若有空閒能夠以練習做「木工」來鍛鍊體力：於民國六十二年五月，到聯勤研督會之後，判斷來日會多有空閒的時間，而莒光一村眷舍亦尙有地方可以作為小型的木工場地。乃開始購買木工用機具：分別有手鋸、電動鋸、大小鉋子、電動鉋、各種鑿子、電動鑽、小手斧、大小鐵鎚、剪斷器、鐵鋏子、固定器等。而且在板橋市找到了磨利木工機器的店舖和多種木材行。於時開始設計自己家中所需簡單實用的傢俱，在年餘時間內曾製成：書櫃、書桌、梳妝檯、嬰兒車等十多件，其中自以爲「有成就感的」是——爲大女兒鍾秀做的立臥兩用嬰兒車；爲養民做的多邊形書桌；爲雨玫媽媽做的梳妝檯；爲我自己做的大畫桌。做木工，可以滿足家庭的器具需要，可以增加體力，還可以效法先賢，齊白石身懷兩種專技——木匠和畫家，隨後我以「木文」爲作畫落款之筆名，亦是由此而來。

肆、又被調到第三個總部——台灣警備總司令部及軍管區司令部

一、台灣本島後背的「保衛者」

(一) 台東師管區司令部編組及任務概況

1.民國六十三年九月二十一日，調任台東師管區司令（中將編階）兼東部地區警備司令。又以台灣防衛作戰序列兼任第二作戰區司令（受陸軍總司令部作戰管制）。

九月二十四日，隨同警備總司令陸軍二級上將尹俊（字杰夫）往花蓮佈達，接替鍾域祥中將之任務。接過大印，責任上肩。所謂「東部地區」雖然只包括花蓮和台東兩縣之地境，可是海岸

曲折，北起大濁水溪口，南至鵝鑾鼻有三百多公里的海岸線，地形複雜易被滲透潛入。自台灣光復以後，於花蓮設有一軍級司令部，依戰地政務之要求統一管制「軍、政、黨等事宜。循例，花東地區司令所負責任較大。在那時駐於東部的軍事單位：屬於警總的有警備第三總隊——擔任海防警戒；職訓第一、二總隊擔任對受刑罪者之監護；另有三個開發總隊——收容國軍編餘人員。屬於陸總的作戰部隊有兩個步兵師。另有空軍志航基地，海軍巡防處等。還有「綠島指揮部」和「蘭嶼指揮所」。

2.到任次日上午，舉行作戰會報，到會部隊長有：花蓮及台東師兩位師長、綠島指揮官（以上均為少將），花、東兩團管區司令、警三總隊長、蘭嶼指揮官、海軍巡防處長等（以上均為上校），以及本部作戰、警備等處長。初步了解一般作戰及警備任務的責任區分狀況。

當我進入狀況之後，認知所負之重要任務為「確保台灣背後之安全，防敵之滲透潛入，圖謀不軌；阻止並擊滅敵人來自海空之襲擊。」其次，則為「確保花東地區之社會秩序良好，使人民能安居樂業。」

（二）在東部地區的往事回憶

1.到任當晚與有關人員商議過中秋節事宜，除同意依例辦理外，並宣佈二事：

（1）將上級分配的獎金有關高級人員的部分，改贈清苦士官眷屬，以後主官特支費不得濫用，多餘之錢均作為慰問之用（本人自任師、署長以來，均不以特支費作為一己之費用。）

（2）來訪貴賓——韓國楊植基少將所贈之人參轉送本部年老的軍眷。

2.台東團管區司令部於會議室懸掛本人放大相片不合規定，應即取下（請孟主任以電話告知）。對長官之尊敬須合乎規範禮節，應對態度「當誠於中形於外」，雖然是後方機關，絕不能染有「鄉愿心理」和「官僚習氣」。

3.民國六十三年十月中，受「貝絲颱風」影響，台東大雨不止，對外交通中斷，河堤已有缺口。即電知預五師師長謝久少將及團管區司令黃澤涵上校立即協助救援受災和危險所在民眾。（根據民國四十七年，中部地區發生「八七水災」，駐於台中、彰化附近的部隊皆能不待上級命令立即出動救助民眾，減少所受傷害損失，充分表現軍民一體的精神。）

4.有一次，去看花蓮「七七高地」海軍雷達站及駐守班哨時，到達營房附近，看到有六、七條大和小的狗，我稍為停立一下，等待士官們將大狗帶到一邊去，我才進入陣地內去。不意此時有一隻小胖黃狗，走到我後面來，在我左後小腿上咬了一口，還以為牠是跟我玩呢！但覺的有點刺痛。進入坐下後，請士官拿紅汞或碘酒來，稍捲起褲腳看到兩個「小洞」，擦上紅汞後才發覺班長很緊張（不好意思地紅了臉），我連聲說「擦上藥就好了，沒有關係的。」然後到處看看，才走出陣地上車。班長送我到車旁，還連聲說「對不起」，我不自覺地說了句「可不要打那條小狗。」回到司令部，請醫官來打「破傷風」針，並敷上藥就安心了。

在東部地形狹長，沿海岸及地形要點均須設置警戒班哨（共有百多處）。班哨與鄰接班哨之間，相距多在兩公里以上，故常覺警戒人員不足。尤其是在夜間，還得派出巡邏兵力，故士官們在夜間執勤時間次數較多，容易疲勞而疏忽警戒任務。故每班皆養有狗兒數隻，牠們的警覺性很高，且與士官們共同住在一起，有了互相依恃的關係，平常値班巡邏皆帶著狗兒去，非常有幫助（金馬外島各小據點皆養有狗隻，以防「水鬼」滲透。）通常各海防班哨的狗，見了穿草綠色軍服的人都不會「咬」，在「七七高地」那一天，我穿的是黃色的軍便服，而且小狗天性好奇，走到我身邊來「聞一聞」——竟然是「生人」，所以要試一試，咬一下！說實在的，當時的我——身爲高級長官——尤其是在「麾下」士兵面前，那能見了一條小狗就「膽小」閃躲，輕舉妄動？也不便踢牠（因爲打狗得看主人面）。所以我不見怪班長，也不見怪「不懂人事」的小狗，只有一種感想——「將軍難爲」！有時，竟出乎常情之所料？

5.民國六十三年十一月三日，花蓮附近山中下大雨，山區之外一點都未察覺。中午稍過，我在司令部接到報告，壽豐附近的「花蓮溪」忽然之間漲大水，河邊人民逃避不及有十一個人被困在屋頂上。水仍在上漲，舊房屋不堅牢頗爲危險，當即命警備處申請直升機緊急救援。下午四時餘接到回報，飛機飛達後已將十一個人安全救出，達成任務後，直升機即飛回西部去。上述之事似乎是司令部應該關心民眾的安全，並且申請直升機緊急救援程序很簡單，而且警備人員値勤是二十四小時制不能間斷的。

回想到民國四十三年，陸軍第十七師（原十一師改番號）司令部進駐嘉義中庄時，有兩部吉普車開到附近溪中去洗車，在意想不到之間，河水突然衝來，河床很寬，駕駛兵想開車走避來不及，被沖走一人，而無法施救，不幸溺死。在山洪暴發的急流中，有許多大小石塊隨之而下，即使會游泳的人也會被碰傷而難以逃生。（當我寫這段回憶往事時，正是前幾天——民國八十九年七月二十三日，在嘉義八掌溪中發生四名工人被困於急流之中，掙扎六小時後，延誤救援而被急流沖走的慘劇。想當年我在花蓮時，曾申請直升機救起十一個人的往事……。今昔之不同，眞是不可思議！）

6.一場可以避免的大悲劇：民國六十三年十二月二十七日，我在台北警備總司令部開會。會後中午聚餐，與三軍婦聯會各主任委員們合併舉行，所以毛雨玫東部主任委員（我的太太）也應邀參加──午餐時和張雯澤的太太同桌。午餐後，我和雨玫回到莒光一村二十號家中，大約是下午一點多鐘，接到總部警備處通知：「陸軍總部演習中，兩架直昇機出事，總司令于豪章上將、張兆驄中將等四人重傷；陸總政戰主任張雯澤中將、第一軍團司令苟雲森中將、軍長馮應本少將、情報署長陳榮堂少將及陳清琪等十三人死亡，這是一件空前的事故……。

事後，我到三軍總醫院去慰問張兆驄同學（陸軍大學正二十二期同班），他說：「直升機起飛後數分鐘，即見一大陣烏雲自海邊飛過來，什麼都看不見，直昇機立即下降，似是要墜落，忽然，什麼都不知道了。」

又據有關參與出事前簡報的軍官所說要點：

（1）簡報完畢後，出發視察實兵演習之前，于豪章總司令曾問馮應本軍長「天氣如何？」馮軍長答應「沒有問題。」

（2）馮軍長乃是總司令的愛將，這次發佈命令升中將，將於三天之後授階，意氣飛揚，對於總司令之所問，隨口說出「沒有問題」，根本沒有查詢有關參謀（其實氣候並不穩定）。

（3）在簡報場外停有兩架直升機，是作爲聯絡之用，不是準備給高級長官用的（意指不是由資深軍官所駕駛）。

（4）也可以請總司令坐汽車前往某高地等處，看部隊行動的，事後據說，參謀總長賴名湯本來也另準備坐空軍直升機前往演習地區巡視的，因爲參謀說「氣候不穩定」，而改坐汽車前往作一般性的巡視。

我認爲在戰史上沒有前例，一次重大的作戰中，也不會傷亡這樣多的高級軍官。同時也覺得于總司令的命運「大難不死」還是很不錯的，有四件事情可以作證：

其一、民國三十八年，大陸局勢紊亂之際，于豪章前往奉化，不顧艱危護衛蔣公中正。故來台之後深得蔣公之信任。

其二、于豪章曾任陸軍第七十四軍（軍長張靈甫時期）所轄五十七師參謀長，於「孟良崮之役」張軍長壯烈成仁之後，爲照顧張軍長遺孀，來台後同居。當年七十四軍幹部尚有多人亦輾轉來台，得知此事不以爲然。最後，逼其將張夫人送往美國定居而斷絕關係，層峰以「義重於情」亦未究責之。

其三、民國四十年代初，于豪章任海軍陸戰隊副司令兼參謀長職務。據說「由於該部隊司令職務之調動「誤會有關」，遂被司令夫人用手槍打了數槍而洩恨，認爲已死實未傷及要害，而經治癒。

其四、民國六十三年十二月二十七日，陸軍直升機失事墜毀，雖受重傷亦得治癒，終是有福之人。倘若不是碰到馮應本的粗心大意，一句「沒有問題」，而出了問題！只能歸咎於「將軍難為」了！

7.民國六十三年十二月三十日，授陸軍中將軍階（自六十三年元月一日起算）。上午十時到達台北市三軍軍官俱樂部，由行政院院長蔣經國先生主持典禮，晉級將官區分為三組，分別由蔣院長、國防部長高魁元先生、參謀總長賴名湯上將，為晉昇將軍們授階。我是由高部長煜公為戴上兩顆金星肩章。

十二時餘，回到莒光一村家裏，鄰居們點放長串炮竹祝賀，大家都很高興。下午乘遠東班機，於一五四〇到達花蓮。養衛則於天黑後來到花蓮，他將於數日後到美國德州大學讀碩士（這是最後一次和他在官舍住宿一起）。

在授階前數天（十二月二十六日）接到國防部辦公室施玉書將軍通知，即將發佈晉升中將。這是我任職編階職位的第六個年頭，且歷經三個總部（陸軍總部工兵署長、聯勤總部工程署長和警備總部花東師管區司令，曾接受長期艱辛的考驗），軍職人員似乎很少有此種情形的。

8.規定司令部參謀軍官練習毛筆小楷書法：到新職不久，覺得參謀們所擬文稿「字」寫得較差；「文」亦不太通順。經徵詢意見後，乃規定：各員每週須於星期一繳交用毛筆書寫的小楷五百字，內含各自抄寫所喜文獻。由行政室清點，逕送司令核閱登記。（司令部參謀群之編組，概似軍級單位，區分為：政治作戰部——四個科，行政室——綜合人事、文書、補給、通信、營房設施、預財室、警備處、動員處、後管處、作戰處等，共有校尉級參謀軍官七十多員，另有士官多員協助業務）。三年餘之後，同仁們多認為自己有「成就感」，在國軍之中甚少有這種作法。

9.與老戰友——憲兵司令孟述美中將及其政戰主任相對落淚之夜：民國六十四年四月五日深夜，孟述美中將自花蓮雲海軒招待所打電話來說「要立刻到司令部來」。我想一定有非常重要的事情發生。很快他和其政治部主任來到了（原來是到花東地區視察其各憲兵單位的）到會客室坐下，第一句話「老人家去世了，請派車子送我回台北去！」在震驚之餘，停頓一會，我才想到：半夜（當時已是六日晨一點多鐘了）要坐轎車經蘇花公路、北宜公路回到台北最快要五個小時。而且天候不好，開車非常危險。我向他建議，坐七點多的民航班機比較安全，到達時間也差不多，他接受了我的意見，並立刻打電話回台北。

三人相對無言而落淚——總統蔣公不只是我們的校長、統帥，而且視同是我們的親長，我們信仰他、敬愛他，而且倚賴他。近數年來，我們一直擔心，怕他會「仙逝」而離開。我們惶恐，國家的安全怎麼辦？凌晨四時餘，警總及黨部的訊息才傳到，我派人到機場去為他二人訂機票……。

10.改善「班哨」老士官們的生活環境：如前所述，東部海岸線頗長且多港彎曲折，設置警戒據點甚多，小據點稱之為班哨，有的距離交通線較遠，日常伙食須行走較遠採購，甚為不便。當時班哨成員皆由「警備總隊」派出，而人力來源乃係由野戰部隊行將退伍的老兵調撥過來的，其階級多為上、中士，為有實戰經驗的戰士們。（習慣稱之為老弟兄）由於我也是歷經滄桑的老兵，與他們「同病相憐」且「氣味相投」，所以不自覺的經常會到各班哨走走。在此，也令我想起老總統蔣公明示——「帶兵的將領要以一半的時間去看部隊，不能常坐在辦公室裏。」這也是孫子兵法中的「爲將之道」，一定要深下功夫去實踐「知己」的道理。

我的內人毛雨玫受台北婦聯總會之聘請爲「東部婦聯分會主委」，因此，常會到東部防區去履行她的義務。所以也會在我巡視部隊時，和我一同出去了解士官及其眷屬的生活情形。有三件事情她很爲關心：

（1）由於經常去到基層單位訪問，深刻認知：所屬警備部隊老士官們的眷屬生活型態；綠島、蘭嶼及花東山地鄉部份山胞生活簡陋，都缺少衣服。所以她在中和、板橋地方與數位議員及小學校長們談到此種情形……。於是他們共同發起勸募「堪用舊衣」很多，使用大尼龍袋（和從前的大麻袋相似）裝有五百多袋，託運到花蓮。由政戰部分配：警三總隊及綠島指揮部轉發給需要的人。

（2）發現有些班哨的位置距離市場甚遠，且無鐵公路交通線，平常要數天才能購買副食物品一次，台灣爲亞熱帶氣候，暖熱時間較長，魚肉等食物不易保持「新鮮度」，需要有「冰櫃或冰箱」來存放，以保持食物的可用品質。當時軍中經費有限，未能普遍支應小單位必需設備的購置和修護。故婦聯分會向本部政戰主任孟昭峰上校提出，要求如何設法解決此問題——乃與「勞軍團體」協商，此後慰勞對象宜以基層小單位（班哨）爲主。隨後即獲得同意，贈予小冰箱二十多台，以補充所需。

（3）有一次發現一處班哨（位於北埔）沒有電燈、電視，給他們冰箱也不要，因爲崗哨據點位置距離「台電幹線」有一公里以上，花蓮電力公司依規定不能免費架設這一條供電線路，必須由軍方負擔所需費用（由於師管區的經費很有限，這個問題經查案已多年未能解決）。此次經婦聯分會提出後，乃由本部呈報警備總部請求撥款（已協商花蓮台電公司依其所提計畫預算實施）。當經總司令鄭為元上將核准辦理，很快就為「北埔班哨」解決了這個問題。

11.民國六十六年三月二十九日，在花蓮忠烈祠，春祭國民革命軍先烈，我和內人毛雨玫女士（她是婦聯總會所聘任的花東婦聯分會主任委員）前往主持祭典，花蓮縣長吳水雲先生及地方政軍首長皆來參與致敬。當時花蓮的忠烈祠乃是以原日本神社改變裝修而成，老舊狹窄。與祭人員甚多，須站立在祠前空場裏，這樣的情境實不足以彰顯崇敬的禮儀，而且與花蓮市區的日漸發展，新建高樓林立相形之下似不妥適。雨玫以此感觸告知吳縣長，並建議其重行修建忠烈祠，以慰忠貞義士在天之靈，而激勵後進愛國熱忱，得到吳縣長慨然的同意。隔日，適遇花蓮市長陳清水，亦與談及重建忠烈祠之事，希能協力完成。

12.民國六十六年七月上旬，有人反應稱：花蓮市民許木碇認識某一位神長，趁其年老病重迷糊的時候，以不合常情且未經合法程序，騙得老神長送給在花蓮一處教會的土地，請求公家機關予以勸導糾正，以防杜奸詐騙取的事。七月十四日，和雨玫同往花蓮主教賈彥文神長處，查詢有無此事，經答覆「確有其事」。乃於次日，約見花蓮警察局長劉文濤來談：許木碇以非正常程序，佔用天主教會土地問題，請其勸導許木碇將土地歸還教會，並召集雙方以和談方式解決問題。數日之後回報，許某稱：可以不使用該項土地了——意即地歸原主（天主教會所有）。

13.關於聯勤總司令羅友倫上將到花蓮視察的小事：

（1）羅總司令於六十四年四月間接替聯勤任務，隨後曾率其總部一級單位業務主管至花蓮視察所屬各單位。午間在花蓮招待所會餐，我被邀參加，因大多數主管皆認識，也不覺得拘束。餐後，大家都有醉意時，忽然聽到政三處長黃子信上校大聲喊叫要和我講話：「陳司令！這裏只有你和我是好人，他們都是壞人，……」頓時，全場無聲，我走過去扶著他說：「處長！我們都喝醉了！……」黃子信上校為人端方，多年來我都欽佩他。這次，他是借酒抒發出內心的積鬱！

（2）有一次，羅總司令又到花蓮來，我和他同坐在一部轎車內，當車行至太魯閣附近時，他要下車觀賞一番。稍停之後，他以和緩的口氣問我：「你退伍之後，想做什麼事？」我很自然的回答：「練習國畫。」他又說：「作畫不能賺錢！何不做工程？」我直率的答以「我不喜歡開營造公司。」往下他就改變話題了，我是陪著他出遊，是被動的，也不願問他——鼓勵我去「做工程」是什麼用意？自此之後，我一直與他沒見過面。

14.關於陸軍總司令馬安瀾上將到花蓮視察的回憶：

民國六十六年八月下旬，馬總司令到花蓮視察一四六師，中午在師司令部會餐。我和師長林強少將陪馬總司令同桌，還有陸總政戰主任張其黑中將也在這一桌。席間，馬總司令先訓話——要點為部隊如何訓練諸事項。會餐開始後，馬總司令大多與林師長說話。……不意，張主任忽然向我說：「陳司令，任期將滿，回陸軍來吧！」我以為他是在說「客套話」，不需回答的，而且一時之間也不知如何應答？才適當，所以只得對他「笑了一笑」。誰知吃完飯上了轎車（依規矩，總司令坐右邊大位，張主任坐中間，我坐左邊），張主任又向我說：「陳先生回陸軍來吧！」我借著向駕駛說話（是我的座車），提示他小心開慢點——避開對面來車，未即答話而「混」過去了。所以沒有回答張主任的話題，原因有二：其一、在會餐時，張主任的問話方式，是我數十年來從未聽到過的，我一時不知如何應對；其二、在車上的問話時，我已經考慮到——還只有兩年多的時間，便要依制度法令退伍了，若回到陸軍去，似是多此一舉的事。數年之後我已退伍，在無意中聽到同學的聊天——「當年陳培雄曾經不願意與蕭爾光軍長對調」。其實，當時我並無意願，也不想知道馬安瀾上將的意思為何？

（三）幾個難忘的民間朋友：

1.駱香林老先生，台灣有名的漢學家。我的老師蕭一葦先生以親筆函為我介紹駱老先生，於到花蓮就職之後，即持函前往致候，駱老稱：他與溥心畬先生、張慕漁先生都是文字之交的好朋友。我在花蓮有三年多時間，常以所作題畫詩稿前往請教指正，並多次請其為題字於畫上。駱老先喜歡到花蓮木瓜溪去「撿石頭（尋奇石）」，我亦偶於假日陪同前往。亦因有此同好而認識楊春風先生。駱老先生高風亮節，頗有安貧樂道的書生本色。於民國六十六年八月四日以八四高齡仙逝，乃為之治喪、送葬，以盡欽仰之衷忱。

2.張慕漁先生：知名之金石家，對國學甚有造詣，且善書法，喜好蒐集「名士題字的摺扇」，著有「六言詩集」及有關金石的著作。亦是一位風格高尚，特立獨行的人士。因其家住永和與寒舍鄰近，故於假日亦曾屢往請益。

3.楊春風先生：爲東部愛好「奇石」的知名專家。尙能保有豫西南居民樸實的風格。他長於鑑賞頑石，在花蓮可以自己去尋找，也可以到處搜購，能達到嗜好、運動、職業三者合而爲一，眞令人羨慕。有暇之時，我常和他一同陪駱老先生去到木瓜溪等處「撿石頭」。所謂「奇石」，大概可分三類：其一、天然石頭表面上的明顯圖案像某種東西；其二、整塊天然頑石頗像某種東西，或係某類動植物的化石；其三、石頭的彩色花樣很美觀，例如「玫瑰石」、「紅石」、「黃石」等。足以讓人好奇欣賞而留作紀念。他爲我介紹而認識一位住在嘉義市的藝術家林竹生大師。

4.林竹生先生：國畫大畫家和理論家。經常受邀請到國內外大學及藝文團體去演講、示範國畫要義，集理論和實踐於一身，是一位罕見的知名人士。尤其是養生有道，身體強健，當其已屆八十高齡之時，猶能步行攀登黃山，一覽天然景色，令人欣羨。

5.黃曾賦先生：花蓮台灣電力分公司經理。對他的認識和交遊乃由於颱風肆虐，造成災害之後，花蓮地區電力的能夠迅速恢復供應，遠超過其他地方，因而非常欽佩在花蓮台電公司的經理黃曾賦先生。會面相談之後，覺得這位經理風度很好，言談不俗，處事能力很強。其後，得悉其爲「橋牌」高手，而常與之切磋。……久之，更瞭解其爲人正直，有爲有守，遂成爲良師益友。

6.張性荃教授：是花蓮師院的老師，乃是「名滿東部」的大畫家。由於「國畫同好」之誼，因而高攀之。他係美術「科班」出身，作畫時「構思敏捷」，「出手很快」。由於技藝精練，興之所至，揮毫立成佳作。大凡藝術家都「能飲（茶）、善喝（酒）」，每當張教授「微醺」的時候，他喜歡以「眾人」的北方語調，學習旁人常常對他說的一句話——「給我一張畫吧！」通常，他會毫不吝嗇地立即為要畫的人提供「服務」。因此，好朋友們於感動之餘，會「尊稱他為張大萬」——含意是比某些人畫藝高，而且慷慨得多！

7.吳水雲縣長：是在他當花蓮國校校長時，由孟昭峰上校介紹認識的。為人忠誠，有書生本色。相貌端正，風度很好。我認為他才是當之無愧的清流人士，所以能有優良的服務成績。

8.王慶豐議長：最初也是由孟昭峰上校推介認識的，是一位不善言辭，而誠實作事的人。其後，屢次被選任花蓮縣長，不失為正派之士。

9.花蓮鯉魚潭的鍾老先生：是一位「無師自通」的「鄉村派」藝術家。喜歡雕塑，所作一條大鯉魚，有兩公尺多高，看樣子眞不錯。他最拿手的作品，乃是雕塑美女人像，有古典的，也有近代的，看起來都很生動。每一個美女的臉形幾乎都差不多，皆具有一種共同的特徵——是和鍾老長的臉譜相仿佛。因此，他省卻了雇用「模特兒」的開支，民國六十八年初（他已仙逝），我曾經回花蓮一次，到他的墓前致敬，新墳就在他所愛的鯉魚潭旁邊，碑文猶新，不過野草長得很快，幾乎遮掩了墓地。和我同去的有他的兒子（繼承了鍾老頭的所有），但是有一種「荒蕪」的感觸，我情不自禁的對他的兒子說：「你老爸不喜歡這些亂草的！趕快替他弄乾淨。」

二、調任軍管區副司令

（一）民國六十六年十二月十三日，接到警備總司令兼軍管區司令鄭為元上將的電話，叫我到台北去見他。次日上午八時，在總部見到總司令，他告訴我——蔣經國主席已批准，我於十二月二十一日調任軍管區副司令，並說明：事前是報調參謀長的……。經國先生問到我還有幾年退伍？（答稱，只有兩年多了），經國先生說——不要讓他再辛苦了，給他調升副司令好了。

（二）十二月二十一日十二時，在花蓮師管區司令部大禮堂，舉行交接典禮。由總司令鄭為元上將主持。我將印信交給林仲連將軍。並由鄭上將頒授四等雲麾勳章，儀式簡單而隆重。會餐後，總司令即飛回台北。我則於次日上午八時，到司令部接受列隊歡送之禮，隨即到花蓮機場登機返台北。

（三）軍管區的任務。簡言之，乃是：其一、依據上級的法令、政策，實施國家人力、物力的「動員」，主要是對已服過義務兵役的「後備軍人」，在判斷「敵軍」行將發動攻勢之前，能夠迅速召集「後備軍人」以充實各立即動員的預備師準備參與作戰；其二、為達成動員的要求，要實施對「後備軍人的管理——簡稱為後管。」包含：義務役退伍士兵（備役）的編組，訓練演習（點召，後備幹部的組織召訓等。）

（四）軍管區的編組。軍管區為國防部的建制單位，於其下編設四個師管區、二十一個團管區（每縣市各設一個團管區）。軍管區司令部編制有上將級司令一員（由警備總司令兼任），中將副司令一員，業務幕僚單位有動員處及後管處。至於參謀長及一般參謀群，政戰主任及政戰部各處等都是與警備總部共同通用作業。

軍管區副司令的編制階級為中將一級，高於各軍種總部的幕僚長和軍長的中將二級（在警總有「同副總司令待遇」的說法)。歷來皆由資深將軍而未當過軍團司令者來調任之。由於可以考核各師管區中將司令以及在參加「軍事會議」(全國團長以上)時,其席位與三軍大學校長等同列前面第一排右側(民國四十三年,我當中校團長時,參加軍事會議時,坐在最後一排)故此職位多以之安置似有動勞卻已無發展潛力的「老兵」。

(五)幾項印象深刻的工作:

1.確保電腦中「後備軍人資料」的正確性和安全性:要嚴格清查校核,不得有任何疏失錯誤。要建立備份資料,存放於安全(防炸、防火、防潮濕)的處所。

2.在各動員計畫中,對「充員」的選定優先次序,一律使用電腦作業,力求「公正、公平」。人事資料的異動、通報、歸檔時限均應遵守規範,嚴格查核管理。

3.建立後備軍人組織,以能適時了解實況、發覺並改善不當問題,凡此不應有弊端發生。

4.嚴格要求遵守「點召」之法令規定,防杜逃避應點毛病。確保動員時效和報到率的高水準,以及軍容、秩序的良好狀況。

5.定期輪訓後備軍人組織幹部(於台北市近效設有「青溪訓練班」),以宣達上級政策政令,並探討改進後管及動員業務之疏失等。

6.實施後備軍人代表聯誼活動:軍管區於每年春節前後有一項重大工作,就是分別到二十一個團管區所在地附近,舉辦一次後備軍人代表聯誼會。依慣例,由軍管區副司令帶有關幕僚及康樂隊輪流到各地實施。集會皆由副司令主持以昭慎重。這種任務對我來說乃是「一次重大的考驗」，能夠有二十一次的機會和青年可愛的軍人們共聚一處。親身感受他們的熱情歡欣，實是難得的盛會。同時也磨練增進了我的兩種功力——其一、使我能坐在距離舞台不到十公尺的位置，兩小時以上可以不「更衣」。而且對於「雷電震耳」般的鼓號聲無動於「中」；其二、由於「全神貫注」的關係，讓我聽熟了很多首「金曲」的辭句。在參加了七、八場次之後，我幾乎可以把歌詞「背」出來了。

7.每年於秋高氣爽，而預測「颱風不來」的時候，舉辦一次退伍備役將軍們的旅遊聯誼活動：軍管區司令部提前發出通知，徵求其關於參加年度旅遊是否願意參加？限期回覆，在通知單上說明旅遊的時間（以兩天一夜爲原則），地點（以台灣本島的名勝——如日月潭、溪頭、清境農場、墾丁等處爲原則），完全免費——由軍管區依年度預算支應。通常預定參與員額爲兩百五十人，另有軍管區承辦服務人員、憲警及醫務人員等……。使用大型巴士十輛及救護車、憲警車、聯絡車等。一切準備工作非常完妥。當時層峰非常愛護退役將領，而這些老將軍們之中亦不乏「不易伺候的人」，更不能出差錯——如病、傷等。所以這個「照顧」旅行團的「總招待」是很不容易做的，在軍管區的成員中，只有「一個人物」是比較適當的，那就是「中將副司令」，他不但是歷經滄桑的「老兵」，而且也是「已無發展潛力」見怪不怪的人，同時可能與退伍將軍們大多認識——還可能是「氣味」差不多相投的。因是之故，我就擔任過兩次這種可遇不可求的榮幸「差事」。託「眾星之福」，大家都能「高高興興的出去玩，平平安安的轉回家」，讓老弟輩伺候一番，輕輕鬆鬆地連玩帶吃而不用再費一點點神。

差一點忘了提及上述聯誼活動乃是層峰頗爲重視的，所以眞正負責執行的人乃是警備總司令兼軍管區司令，其次便是警總政治作戰部主任。依例，在晚宴時，一定會到場，向備役將軍們舉杯致意，皆大歡喜！

8.退伍前，最後一次參與「軍事會議」：

民國六十八年度軍事會議將在陽明山召開，依例軍管區副司令是要參加的，於事前不免要對所管業務自行檢討一番，以便在會議中，分組討論時有所研究應對。當距報到日期僅有兩天時，總司令汪敬煦上將請我去說——剛才接到總統府電話告知：此次，經國先生親爲指定，要於會議時聽取「動員報告」。稍停後又說——這就請副司令、你報告吧。我則認爲在軍事會議中，從來沒有副主官上台報告的先例！總司令認爲——他要報告警備和治安等，無法再接著「唸」動員的事項，他補充說明：如果總統於報告之後要問有關動員情形，講不清楚，怎麼辦？總司令說出實情！我只得「聽他的了。」可是還只有兩天，準備難以周到……便要面對總統和數百位重要軍職人員（除團級主官外，大多是將軍），而我得「放言高論！」怎麼辦？歷來在軍事會議開場後，擔任報告的人，有十位：五位參謀次長、聯參一、二、三、四、五；和五位總司令——陸、海、空、勤、警。報告內容切實中肯，則可能在分組研討時，會再進一步論及；倘若報告內容有疏失、差錯，於垂詢和研討時，便會有麻煩了！也有隨即換班的前例。以上十位主官（管）提出報告得失，乃是職責所在，無所迴避。和我這個軍管區副司令卻是數十年來「愚忠愚孝」，「耗盡潛力」所走到的最後一站（指軍人成就而言），生平最不願意做的事乃是超越自己職責所應爲者，可是在這「末站」之前，卻遇上了它，其奈「命令加上人情何！」事實上，在軍事會議中，我所報告的「動員概況」只有二十分鐘，時間何分短長！二十年與二十分鐘何異之有？一晃就過去了！但在我心中留下永久難忘的乃是——蔣經國總統對國家軍事動員效力的重要性，能夠深切認知。

結言：摘星夢醒，感慨系之

一、兩則名言的朗頌

(一)漢伏波將軍馬援，曾言——丈夫立志，窮當益堅，老當益壯。又在其詩中豪語——老驥伏櫪志在千里，烈士暮年壯心未已。

(二)美國麥克阿瑟元帥的感慨：老兵不死，只是逐漸凋零而已。

二、老師和長官的格言

（一）先總統蔣公中正的信念傳授：

1.居安宜操一心以慮患，處危當堅百忍而圖存。

2.克己方法：當一個壞念頭剛發生時，立刻用正當的好念頭以壓制之。

（二）故總統蔣經國先生的修養名言：

1.古人說——世事不如意者十之八九；我則認為：十之十不能盡如人意。

2.「事緩則圓」——處事切戒輕率、盲動，凡不是非立下決心的事，可以多考慮周到而後易於獲得解決良法。

三、引以為誡者

（一）不羨慕能擠入「權力核心」的人士。

（二）不自甘墮落，不受黑金財團的利用。

四、遲來的生涯規劃

繼續讀書求知，撰寫「回顧」，以為現代歷史作證；並繼續習畫（山水）以磨洗心境塵埃！

第四篇　老童生趕考記

第四篇　老童生趕考記

前言：命題意義，發表目的

當年退休的時候，回顧歷經滄桑的往事，頗多感慨。其中一事以「書生」自命的人最關切的，那就是（依傳統的想法）讀了許多書竟然沒有任何學位，有如明清時代考不上「秀才」的「老童生」一般。數年之後教育部作出一項新的規定，凡是舊制各軍官學校畢業生可比敘專科以上同等學歷，具有投考大學研究所碩士班的資格。我受此鼓舞把五十年前「投筆從戎」丟掉的破筆重新撿回來，就像昔時的「老童生」絕不妄自菲薄地要和年輕學子能共同奮鬥一番。

進入研究所的途徑不易走，那個「鐵門檻」是比較難跨過去的。縱然考進去了，接續而來還有許多關卡，諸如各門必修課的期中、期末考都須有七十分以上，方能及格和得到學分。辛苦了兩三年後，若是修夠了所要求的學分，方能申請參加「資格考」，此種考試的科目只有二或三門，但任何一門都不能DOWN兩次，否則前功盡棄而被退學。當資格考試通過之後，乃可以提報畢業論文題目，並請確定「指導教授」。於是開始準備過末尾的關卡，撰寫論文。這項工作會使人像蠶吐絲、蜂釀蜜似的不停地去找資料，去深思苦索，挖空心思地去寫，過著神魂顛倒的日子。當你努力完成了論文初稿，排定了口試日期，更須全力以赴、保持高度清醒狀態去接受會審般的口試，企望能順利通過此關而獲得學位。

假如環境許可，能讓你更上層樓去考博士班。那麼前述的過程又會再重演一片，只不過是較爲費功夫，和消耗較多的時光而已。以上是在國內要接受深造教育過程大要，讓讀者有概括的認知必要。

我懷著「老童生」的心情，從民國七十二年夏開始去嘗試考碩士班，接連摸索地趕考，直到七十六年夏才考上國立政治大學法學院的東亞研究所碩士班。三年後畢業，得到第一個學位——法學碩士。八十年夏再考上本所博士班，八十四年七月通過論文，而獲得法學博士學位。這一段過程前後有十二年之久，回想起來覺得只是匆匆忙忙的在做著相同的一件事情——考試。憑良心說的確是受了許多折磨，但也得到很多的「快樂老年」。能和許多年輕有爲的學子共同度過了一段相當長的寶貴時光，實在是難能可貴的，值得永憶不忘的。所以要用文字鄭重其事的寫出來，並名之爲「老童生趕考記」。

我發表這篇文章本著三個目的：

其一、想讓青少年學子們知道，切勿自恃聰明而好逸貪玩，好高騖遠。要想求得實用或高深的知識學問，全憑用適當的研究方法，不怕受阻撓挫折而持之以恆地去用功讀書，必定可以達到目的。孫文學說中的「有志竟成」，乃是經過很多人實踐有效的眞理，應信之不疑。

其二、想讓奮鬥半生，事業有成就，而考慮到規劃退休生涯的人們，何不於退休之後再接續讀書研究的前緣。先賢認爲：好學而有恆的人足以安身立命，做個正正當當的淑女、君子。如有此意可看本文。

其三、想讓主持教育大政決策的諸公；經常執行考選人才的教授老師們；望子成龍的家長們，多少知道些考試的其他有關情形。

壹、早年影響、印象深刻

在我的記憶中，自六至十二歲之間，曾隨家長到過廣州、上海、南京、開封、徐州、南昌、蘇州等地，然後回到故鄉江西上饒讀小學六年級。這是一段很不安定的生活，加上小孩子愛玩懶讀書，其結果是功課很差，經常考試不及格而名列後尾，也留過級。後來，在河南淮陽讀完初中後，奉命到南京去考高中，竟然考上很好的市立一中。這是首次給自己建立了可以讀書的信心。同時也體會到不可自恃小有聰明，但也不應妄自菲薄，惟有努力求取進步，才是讀書致知最正確的途徑。

民國二十六年「七七盧溝橋事變」發生，青年學子棄學從軍的人非常之多。在家長勉強同意之下，考進中央軍校第六分校十五期，立志反抗日本人的無理侵略。離家時囑以不要忘記讀書，如有機會應進陸軍大學。

民國二十九年初畢業分發野戰部隊——陸軍第七十四軍，任少尉排長，開始對日軍作戰，在此單位六年，參加了八次會戰。三十四年春湘西大捷後，奉調陸軍第十八軍任營長。未幾抗戰勝利結束，卻參加了反共戡亂之戰，在長江大河之間與中共第二、三野戰軍周旋追逐了三年。

民國三十七年春，考進陸軍大學正規班第二十二期。這次考試是很不容易的，錄取率低於百分之一，卻也達成了家長的希望。前述過程就從軍而言，已有十一年之久。在這段歲月中，我看了很多書，大都是與考陸大有關的，諸如：國父思想、戰術原則、古代兵法、大學、中庸、歷史等。不過也看了些文藝作品，如古文觀止、唐詩、宋詞等。由於考進陸軍大學乃是我第二次的考場勝利，因而更肯定養成讀書習慣為考試成功的主要因素。

民國三十八年隨陸軍大學遷來台灣，不久大陸完全赤化，與家人斷絕音訊。兩年後畢業分發，重回陸軍第十八軍服務，參與保衛台灣自由基地的工作。到六十九年退休為止，大多擔任防守外島及本島海岸之責，空暇時則以自修研究歷史為主。六十二、三年中職務清閒，因而考慮到退休之後的生涯規劃。除讀書之外，有一件事是我最樂意做的——習畫，乃由謝自學先生介紹向蕭師一葦學習「山水國畫」，而成為終生嗜好。

貳、自強不息、得償宿願

我於六十九年以陸軍中將軍管區副司令職退伍，至七十二年間的確過了一段平靜的生活。不意此際國防部發布：戰時官校畢業生可依在校時間長短比敘一般大專同等學力，只須將畢業證件轉送教育部認定登記便有效。因此我便取得「同二專學力」的資格，可以報考研究所碩士班，有希望進入一般大學。

一、民國七十二年「試考」情形

首先的問題是如何考進研究所？雖然離考期只有一個多月，不可能做任何正常的準備工作。匆促間選擇私立中國文化大學的大陸研究所碩士班，作爲試驗性的考試。應試科目有：國文、英文、三民主義、政治學和近代史，不知從何處著手準備。也就稍作計畫，大致看看書，便進入考場。兩天考完後加以檢討，在筆試方面似乎每題都「知道」，答案也寫得不少。只有「口試」令我覺得「異樣」，因爲同考生和主持老師都以不同平常的眼光看我。這是一種不良印象，令我覺得有些不安。「考試的結果揭曉——成績單寄來，所給分數之少出乎意料，我直覺地知道了「研究所的分數很貴重」。尤以三民主義只考到二十幾分，使我聯想到這種仗不好打。

二、民國七十三年正式加入競爭

「失敗」對於曾有「抗戰精神」的人打擊威力不大，檢討反省「考試」結果之後，決定繼續努力的目標、方法和實行情形分述於下：

（一）爲正式參加考試的準備工作

1.投考目標——歷史研究所。

2.準備研讀的科目——有英文、中國通史、中國近代史、世界通史、西洋近現代史、史學研究方法等。

3.選購書本——有關歷史每項科目選購兩種以上大學用教材，英文以看大學選用的英文法及短篇英文選讀爲主，國文則選讀古文觀止。

4.使用時間——預定在十一個月之內將各歷史書本看兩遍，並摘要筆記。每週不將以上有關項目做成「讀書計劃」，依此實行。由於蕭一葦老師全家遷往美國定居，每週不必交習畫作業，幾乎把所有時間都用在看書上。一年易過又到考季，選定三個研究所去報名，並做最後的複習要點。

（二）參加考試情形及其結果

1.台大歷史學研究所碩士班：以同等學力報名者須經所長核准，在招生簡章中規定有三個門檻：其一是專業科目（歷史）最低分；其二是共同科目（國文、英文）最低分；其三是以同等學力資格報名者加考一門「史學方法」，其最低分爲五十分。考試結果，前兩個門檻都合格通過，但其三——史學方法只得了四十五分未達最低分標準，失去和其他考生比賽的機會。

2.師大歷史學研究所碩士班：專業科目三門歷史都是通論，範圍很廣，對同等學力考生加考一門「史學方法」。考試結果，加考的未過門檻，其他科目的分數也很低，爲所知評分最「貴」的學校。

3.輔大歷史學研究所碩士班：考試過後，認爲比較滿意。但成績單寄來時，發現加考科目——中國通史未能過關，其他免談。

這一年以歷史學爲主的考試結果完全失敗，主要原因是通不過加考科目的門檻。其次是解答問題的方式不合要求和得不到較多分數，縱然被通過加考一門的關卡，也比賽不過其他考生。

三、民國七十四年的趕考

（一）當檢討考場失敗的經驗教訓時，發現私立淡江大學的「國際事務戰略研究所」也很適合去應考。又清華大學新增歷史研究所碩士班似應無門戶之見而可去一試。去年考過的地方好像是不太「歡迎」，就不去也罷。於是修正年度應考計畫，其變動事項如下：

1.詳讀第一、二次世界大戰史（以前研究過），並列出要點，作成筆記。

2.詳讀「國際關係」、「國際政治」二書。並摘要筆記。

3.將應考歷史做成圖表。

4.再詳讀「研究方法」和「研究途徑」，分清內容與譯名之不同，以避免混淆。

5.規定每天都要看英文，注意文法和單字之構成。

(二)一年易過，考季又已來臨，乃到清華大學去報歷史研究所碩士班；到淡江大學去報國際事務戰略研究所碩士班。其應考情形分述於下：

1.清大歷史所碩士班是新開辦的，不知任何就裏，然推想其應無歷史包袱，且學風比較開放，不至於計較考生的年齡大小和工作背景。該校的考試程序分爲兩階段，首先考國文、英文、史學研究方法（同等學力加考科目）。合乎要求之後，方能參與第二階段專業科目的考試。結果，我對加考科目「史學方法」未能考達最低標準五十分，而不能參加第二階段「眞正」史學的考試。

2.淡江國研所的考試除加考一科「西洋近代史」之外，還有「口試」。進入考場後，發現同等學力考生的准考證編號另有記號與眾不同，考完交卷時，也被監考者放置一邊。其用意何在？令人不安心。結果，成績單上的分數呈現：加考科目分數很高（史實不易混淆）但只是過關而已，並不加進總分中計算，高亦無用。口試分數中等，和「國際關係」一門的分數很低，因而落榜。檢討反省後認定自己的學識不夠好，要再改進研究方法，繼續努力。

四、民國七十五年的趕考

(一)準備工作之改進。檢討前次考試結果，認爲：

1.在學科方面：對「歷史學」要加強「史學研究方法」的研究；要對重要「史實」的深入認知；要對解題的方式、用詞向人請教學習。對「國際關係學」的研究，要加強記住「原則性」的重要之處；爲「例證」的恰當也得多方蒐集資料以便應用。

2.在心理方面：已能感覺到年齡和工作背景所遭致的排斥很令人困擾。尤其是下意識地認爲歷史研究所似有門戶之見，不樂意接受非本系專業的考生。

面對上述體認，乃著意修改是年的讀書計畫，把重點放在與「國際關係學」有關的政治學、經濟學、社會學之上。也想到去找歷史所的研究生來指導，如何寫答案方能合乎閱卷評分者的想法。但並未進一步向人請教考試準備的諸般經驗和方法，依然是自行「摸著石頭過河」。

（二）這一年的報名，除淡大國研所之外，還有其他兩個歷史所（均因事未赴考）。此際，我和李健都已覺察到「人言可畏」，有人認爲「老人家想進研究所」是不該的。很令人迷惘，但仍然存著一線希望參加了考試。在出榜稍前，有人打電話給李健說他很有進步，某門學科得到九十分。事實上成績單收到一看只有二十分，這個玩笑開得不錯，讓我們高興了兩天，結果仍然是雙雙落榜。

五、民國七十六年的趕考

（一）在學識領域內的變通：經過四年的苦讀經書和趕考，雖然都一一失敗，但也得到不少知識和教訓。自覺不能老是去闖「死胡同」，應該去找可行的「途徑」。於是再訪年輕人向其虛心請教，認為可以去試試國立政治大學東亞研究所的碩士班，其規定的考試科目與我所知多有相同之處。而且政大對同等學力考生不另加考科目，也沒有「口試」，且一視同仁不另編准考證號碼，只是東亞所比較難考而已。再則文大的三研所主要研究中山學術，他對老國民黨員不會拒之於門外。何況「老將軍」信仰三民主義，大半生為實踐三民主義而奉獻奮鬥，理應去追求深造的機會。至於對淡大國研所的考試科目已經用了很多的功夫，何妨再試一次。以上「旁觀者清」的「作戰（考試也）判斷」既合理又鼓勵，不由我不信服、感激。乃據以修正年度讀書計劃，置重點於政治學、國際政治、三民主義和英文。（東亞所的英文有最低標準門檻，而且政治學和國際政治學科的命題，有部份是用英文寫的。）

（二）照計畫讀書，覺得時間過得很快。當各研究所考季開始時，我依前述應試原則，分向三個預定目標——研究所報了名。參加考試的情形分述如下：

1. 首先開場的是文大三研所，照例有加考一科和口試的關卡。我對陽明山的風景很喜歡，尤其是多次在那裏的中山樓出席先總統蔣公中正所主持的軍事會議，回首前塵，對三軍將校的精神團結令人懷念。我曾在那寬宏的會場中，留連多次。席次則從最後一排（團長）逐漸推進到第一排的右側。象徵數十年來保衛自由的執著，和顯現出長江後浪推前浪的不易之理。回憶往事感懷之餘，益覺光陰之可貴，實在不應老而虛渡，也更鼓舞起我考試的勇氣，不達目的絕不終止。三研所考試成績發布，名落孫山，這足以證明學術機構的立場中立公正，不因為黨派信仰關係而偏愛。

2.事先已知政大的考試比較公正，碩士班考試沒有口試的關卡，對同的學力考生並未加考一門學科，也未予以特別編號，更沒有將座位排在一起，把考卷個別收繳等等異常措施。事實證明的確如此，使我在心理上覺得很舒暢，因而能從容思索，安心解答試題。結果，在成績單上先看到英文過了門檻，三民主義及國際政治都有五十多分，總分已超過最低錄取標準。和兒子一同去看榜，排列在第五名，簡章上是規定十二名卻錄取了十三人（榜上寫出後兩人分數相同，故皆上榜），並未因老考生的考取而擠掉一位年輕人。這使我感到加倍的高興，兒子靠近我說怕我暈倒。在四年多之後，已考進博士班，當我在一家商店中刻圖章時，一位男士看到我的名字很高興。他自稱是那年政大招考碩士班考試委員會中的承辦人，在放榜前受指示把東亞所應錄取者有關資料帶著，向校長請示應否將這名老學生姓名寫在榜上？校長說成績合格便應該錄取的，那位校長乃是陳治世先生，他的大名留在我的法學碩士證書上，永遠不會忘記。

3.我仍然是鼓著勇氣，第三次去參加淡大國研所的考試，一切如同去年，只是口試時，倒是對我客氣地說了兩句話便告結束。結果，他們秉持既有原則如前，而我也不用再堅持己見了。

參、五年趕考、經驗教訓

自民國七十二年開始準備考進大學學院，到八十四年獲得法學博士學位，用了生命中寶貴的十二年韶光。人生一世究竟能有幾個十二年，誰也不能預知，所以在任何人看來都是值得重視的，應該悠游林下的。而在這段時間中，那趕考研究所碩士班的五個年頭更是重要。因爲在我國現行社會中，很罕見一個年逾花甲的老者能進入國立大學研究所的。所謂「少見多怪」，於是有人好奇；有人覺得不宜如此；有人認爲佔了年輕人的位置；更有人認爲是浪費國家的資源而已。至於我自己的想法很簡單，既然中華民國是個現代民主法治、自由平等的國家，每個國民除盡其應有的義務之外，也可以享受其追求知識和自我創造的公平自由的權利。「老童生」乃是爲了保衛中國同胞的眞正自由平等而參加抗日戰爭和反共抗俄，也因此而延誤了進入一般大學院校的機會，更因此而貢獻出青壯年的時光。既然在「大學法」中對於考試資格的規定並未限制年齡，也沒有限制退休公職人員不能赴考，所以我是名正言順、理直氣壯、不畏人言地做了「趕考」研究所這件事。不論未來對於國家社會再有何回饋，我先將這件事的經驗心得公諸於世，或能對某些愛讀書、想深造，或是「考權」在握的人有所借鑑，不無裨益。現在將心得淺見分別條陳於後面。

一、關於追求學識、接受考試方面

（一）時間分配：養成讀書習慣是一樂事，所以先賢有「四時讀書樂」的文章傳世。若用世俗的眼光來看讀書，則有「書中自有黃金屋，書中自有顏如玉」，在現實的社會中所見何嘗不是如此。就以「老童生」的我來說正好可以作爲例證——我的「老婆」——毛雨玫女士是「讀書」騙到的；我的被任「團長」是在參謀指揮大學考第三名取得的；我的二十多坪眷舍乃當了將軍之後才分配的，但這個「將字號」與能考進陸軍大學正規班有很大關係；我這個「三流畫家」是由於偏愛詩詞書畫，拜到名師——蕭一葦和尉素秋教授被傳授而得到的；最具體的證明乃是「法學博士」的頭銜，千眞萬確的是由於「讀書樂」而得到的。在台北博士滿街走，不算什麼，可是我回到故鄉卻很惹眼，因爲一縣之中現存的只有三個，而我正是其中之一呢！所以我認爲：「人不分男女老少；職業不分高低貴賤；生活不分煩忙清閑；國屬不分共產民主，一是皆以讀書爲本。」每個正常的人都要抽出或多或少的時間來讀書。總而言之，人能多讀書就會增進知識技能，變化氣質，使所處社會成爲「禮義之邦」。

（二）讀書方法。概括區分讀書的情境有二：其一是「樂以忘憂」——清閑也，如看詩詞歌賦、古文傳記、雜誌小說等；其二是「知用合一」——實用也，如研究職業上的所需，或追求高深的學問，不論前或後者，皆可經由自修或進入學校而達到目的。爲消遣而讀書，怎麼看都沒有關係，只要不看壞書就好。爲實用而讀書的方法其實很簡單，只是許多人自命不凡或圖便易而不屑爲之（結果是事倍而功不及半）。提供正當的讀書方法，其要點有：

1. 看到書中要點和與研究有關之處時，可用彩色筆做記號，並在書頁的上端寫提示或「眉批」；

2. 對重要而必須再讀的書，在看第二遍時，應該摘要做筆記於另一空白筆記本之上；

3. 對前書再複習時，應做分析比較。比較可就本書的內容作之，亦可與其他有關書中對同一事之不同意見做比較；

4. 若再翻看前書時，可不必一字一句的詳閱，只要對照摘要和分析比較資料，認定其要點、特點、既可熟悉之，又能節約時間。

（三）增強記憶。在平時寫文章、著書立說，有各種參考書、工具書可以查閱，不易造成「張冠李戴」或弄不清楚的錯誤。可是當你在演講時（只有大綱而不去照書面宣讀時）往往因爲怕弄錯不敢多舉例證，致降低了說服、強調的效果。尤其是在考場中解答試題時，如果因記不清楚而弄錯正確答案，則白費了苦讀準備的時間。所以我主張自己製作有系統、有分別、有比較、有實用內含的放大圖表。以便於隨時查閱或再複習某科目時對照觀看，時間久了，的確可以加強記憶能力。例如對「政治思想史」這一門功課，可在一大張白厚紙上，以垂直線條和橫行線條交互構成所要的縱橫方格子。在縱向左邊分別依年代先後例舉學者的姓名國別等，而在橫向頂端格子內塡寫（由左向右區分）國家、政府、自由、權能等項目，至於某學者的理論要點則分別塡入於其相關的橫縱相交方格子內。在這圖表上，你既可看出每一位學者學說的要點，又可任意比較出那兩位學者在某方面理論的異同。既可作爲你讀書研究的工具表，又可因之增強你的記憶力，在考試時也不易犯「張冠李戴」的差錯。這種比較圖表使用在有歷史性的學科方面，不但製作容易，而效用更佳。

（四）選定目標。爲「知用合一」而讀書時，先必選定研究的目標。然後收集資料，了解分析有關事項，在擬定研究計畫，而依據進行工作，方能不浪費時間。若就「老童生趕考」的實踐經驗教訓，專就投考大學研究所的過程，提出參考意見如下：

1.就個人之所學和實力，參考相關招生簡章，妥爲評估，而後選定希望能進入的學校研究所。最好能找到正在那裏就讀的研究生或熟知該所一般情形的人士，有禮貌地向他請教，從而能知道如何準備應考事項。諸如：可能命題教授的著作和所用的教材，受教研究生的筆記，近幾年的「考古題」，以及在所同學的考試經驗等。

2.依據所見情況去找適用的書籍，能買到的最好，如是買不到而借來的書以及講堂筆記皆須影印備用。但是每一科目必須看兩種以上的書本和資料，以充實所知而避免偏狹。

3.再就是參照如前所述的「讀書方法」和「增強記憶」等要領，以從事準備工作和實行應考。

二、關於甄別人才、實行評選方面

（一）遵守規定。以國內各研究所招生簡章中之二事爲例。

1.大學以上的報名資格中，並無年齡限制的規定，也沒有個人身分背景的限制。但據個人實際觀察，國內大學一般對年齡大的考生似不太歡迎。其理由是把對事物成本價值觀念引用之於人。然依法規又不能以此理由坦誠相告而拒絕之（北京大學明白規定不招收四十歲以上的學生，倒也實在坦率。）乃使用其他手法減少年高考生應得之分數，或提高其他人的分數，而暗中排斥之。這種既不守法又不正大光明的行爲，實不應該出之於名爲清高的學院中人。又對曾任較高職務的考生，也多存偏見而排斥之。依我的看法正與此相反，應鼓勵高級官員在退休之後，去到院校中再繼續研究，結合其施政經驗而著作立言以傳導後世。於是可以提倡讀書風氣，增多社會上高風亮節的人，而減少厚顏無恥貪戀權勢之徒，佛門所言「不亦善哉」。

2.研究所招生簡章中列有專科畢業或高考及格者，可以同等學力報考碩士班，其用意在避免「一試定終身」而埋沒人才，亦是政府的一項德政。但是有些研究所爲保持其所錄取者的高水準，對此一規定陽奉陰違。其手法有二：其一是將以同等學力報考生的准考證，另編成易於識別的號碼，於收繳試卷撕去浮簽時，把卷子另置一邊……。其二是利用口試機會使同等學力考生與一般考生得分的差距拉大，這樣便可輕易地把同等學力考生淘汰掉。

（二）澄清混淆。如何去進行寫作一篇理論性的文章或一本學術性的書，中國學者歷來是有其不成文的「方法」的。執筆者的「方法」各有所好，也各有所長。對那些方法是好是壞，合理或不合理，很少見有人去提出來（只看文章的好否）。但現在效法歐美的文化學術已成普遍現象。於是對前述所稱的「方法」一詞，賦予翻譯的名稱有：「研究方法」、「研究途徑」、「史學方法」等等。一般學著對此一名詞的界定和內涵如何？說法不一，現尚未見有共同的概念。爲此使「老童生」吃苦頭、受委屈多次，「趕考」期間，凡遇到以「研究方法」爲加考一門者，都沒有能過關而告落榜，這也是所以會造成趕考的主要原因。可是猶不僅如此而已，當我考進博士班之後，又碰上「必修的研究方法」。授課老師要求有：期中考、期末考、還有一篇要運用適當「研究方法」寫成的「報告」——理論性文章。第一年的結果就被DOWN掉，第二次再修時，心理上很不平衡，這明明是在「整人」卻有委曲無處申訴。記得第二年的期末考（僅這個研究方法），老師爲了「愛護」之意，把它放在暑假之後，下學期開學之前。於是那一年的炎夏兩個月，除了要寫其他老師的報告之外，還得要看四本中文書和三本英文書（「方法老師」指定必考之書），再加上他授課時宣讀記下的資料。運用前述讀書方法，不知出了多少身汗，最後終於過了關而解除警報。

（三）謹愼裁量。一般教職人員經常會參與考試命題，閱卷評分或審查研究計畫，口試才能。凡擔負此種任務者都被授權考評給分，以區別考生學識能力的優劣高低，其有相當大的裁量空間是肯定的。例如對「方法論」問題解答給分多少，幾乎是隨心所欲，彈性很大。又如主持口試者，對考生的給分多少更是自由，難望有相當公允恰當的依據標準。我在第一次考博士班時，竟在「研究計畫」方面出了問題，簡章上規定寫作研究計畫以五千字爲原則，我照規定用了五千多字，後來發現是字越多分數也越多。換句話說，就是遵照規定的分數少，不遵規定的分數反而多些。結果，我比在前錄取的考生總分僅少零點一、二分而已。我問主持者造成落後的原因何在？答是在研究計畫。我問是否依照規定的五千字所得分數少？答非所問的說是研究計畫用「歷史研究方法」太老了，問題又出在可隨意裁量的「研究方法」上。

（四）公平正直。歷史性的教訓凡有權在握者難免不會有所偏向，因而設計政治制度時有「制衡」之說，以防止濫權行爲。若就大學研究所而言，其負責者在某些方面的裁量權很大，而無法予以制衡。如招考研究生時，負責者通常可以由自己當任某科目的命題和評分，同時他又可以擔任口試委員之一。通常，考生成績先由各所自行計算後，再送交考試委員會查核。如果所長想偏袒某考生，只要這人的程度不太差——其分數比應錄取者相差有限，則改變成績高低之排列次序並非難事，只要就主持者個人的評分科目，卷上予以必要的變動就可以做到。

至於一般的命題閱卷評分或口試的老師，也可能先存有門戶之見，凡看到答案上的用辭語氣與己相彷彿，不免會多給幾分，而對於不符己見的答案內容，則予以嚴格評分。總之，人對於世事的認定，不易做到「公平正直」的境界。所以，古聖先賢有「人心惟危，道心惟微」之說。

結言：本來只想僅對「可能的考生」方面，提供讀書赴考的參考意見，給予「有志竟成」的實踐證明。卻想到「考場如戰場」，然畢竟不同於戰場而與球場相似，有一種「裁定判決」的人。其名稱不一，權責則相同，擔任命題、口試、評定和給分，以決定考生的命運。當他們能夠把握「公平正直」的原則時，便是學子們的恩師、社會中的楷模、國家裏的清流。假若他們不能「允執厥中」時，則會變成莘莘學子的敵人，國家社會的僞君子。歷史上先聖先賢多「以國家興亡爲己任」而自勉。今日環境變遷已頗令人憂心忡忡，若是「讀書人—知識份子」也不能「自我創造」，及抱持「達則兼善天下，窮則獨善其身」之志向，足以否定「二十一世紀是中國人的世紀」之說。

歷年准考證名稱編號表

項目	次數	年度	學校及研究所名稱	編號	考試日期	
壹	一	七十二年度	私立中國文化大學大陸研究所	39133	六月四、五日	碩士班
貳	二	七十三年度	國立台灣師範大學歷史學研究所	302141	五月十一、十二日	碩士班
	三	七十三年度	國立台灣大學歷史學研究所	132027	四月二十八、二十九日	碩士班
	四	七十三年度	私立輔仁大學歷史學研究所	731325	五月七、八日	碩士班
參	五	七十四年度	國立清華大學歷史學研究所	270023	四月二十九日	碩士班
	六	七十四年度	私立淡江大學國際事務戰略研究所	4.4198001	五月十六、十七日	碩士班
肆	七	七十五年度	私立淡江大學國際事務戰略研究所	4.5198001	五月十五、十六日	碩士班
伍	八	七十六年度	私立中國文化大學三民主義研究所	1105	五月七、八日	碩士班
	九	七十六年度	私立淡江大學國際事務戰略研究所	5104004	五月十四、十五日	碩士班
	十	七十六年度	國立政治大學東亞研究所	110024	五月九、十日	碩士班
陸	十一	七十九年度	國立政治大學東亞研究所	170001	七月	博士班
柒	十二	八十年度	國立政治大學東亞研究所	072012	七月	博士班

附錄

附錄一：生平記事概略（主要為敘述家世及在台灣家屬情形）

一、前言——家世

民國八十五年（一九九六年）清明節之前，我於離別了半個世紀之後回到故鄉，主要目的是探尋至親者的墳墓。先到「茅埂」，村莊外型依稀記得。找到曾住過的房屋完全不一樣了；再到陳氏宗祠……留下磚牆和屋頂，裏面空無一物。陳家祖先的神主牌位全被紅衛兵燒光了，於置祖譜文獻的所在，……片紙無存。我想找一位他與我年齡相仿的——七十多歲的族人來談談，……沒有這樣老的人在世！所以，當前對於「家世」的回顧，多半是「靠」著若干年前所聽到的長者們談話內容片段的記憶……。

史傳「五胡亂華」時期，長達一百三十多年（西元三〇四年——四三九年）。在中國大陸北方一個廣大地區內，原來居住的漢民族受到五種異族（匈奴、鮮卑、羯、氐、羌）相繼侵入。互爲爭奪殺伐，社會秩序大亂，使文化程度較高的漢人無法生活。乃發生漢民族向南大遷移的行動，其中有一支陳姓宗族（源自河洛地區的穎川州郡）一直走到閩南下四府的泉州，漳州臨近海岸爲止。到了元末明初，胡大海攻取江南西道，在信江上游廣信府一帶（包括玉山、上饒等縣）殺人甚多，逃亡亦眾，十室九空。其後，宸濠之亂，王守仁（陽明先生）率兵平定，又大戰於贛東等處。久經兵災人煙稀少，上饒南鄉荒蕪多年，野草叢生。沿溪地帶故有「茅埂」之稱，甚至有野獸虎狼出沒……。

然閩南山地泉漳地區，南遷之民人口繁衍日漸增多，可耕種的土地卻有限，不足以維持生活，亟謀改善。日常聽聞行腳商販，雲遊僧侶談及武夷山西邊地廣人稀，土地肥沃，任由蔓草叢生，豺狼成群故事，頗爲嚮往！隨後多方證明傳言不虛。因而有智勇長者，帶領部分「北來漢人」翻越武夷山，去尋可開墾的土地。時在遷人群中有：陳、方、潘、柯等姓氏族人，內有陳姓一系經由崇安附近進入江南西道境內。再往前尋得一處背山傍水的廣闊盆地邊緣住下（後稱之爲「丁公橋」），逐漸往盆地中心發展墾植。於是有陳姓宗族一支聚居在數條小河之間，土地易以耕種的所在，名之爲「茅埂村」……這便是我們聚族而居的陳姓村莊（自先祖墾荒到現在）。村子裏住有數百口人，有一處「陳氏宗祠（及祠產）」，有一座「土地公廟」旁邊放著兩條「大龍船」，過年時有一條很長的「橋燈」及鑼鼓隊，有一座不小的「水碓」，有一座「近祖元海公」的大墳墓。村莊集體活動有：清明到丁公橋「祭祖」，春節參與「橋燈隊」，端午節划龍船（包括比賽），每年有一次在祠堂祭祖做戲，還有就是爲了「爭水」與別的村莊「打群架」……。以上都是半個世紀以前的「故事」了！

漢人篤信「敬天尊祖」，世代相傳，源遠流長。依據「辭源」所記——陳姓、穎川郡，舜後胡公封於陳，公子完奔齊為陳氏。在「百家姓」中，排於第十字（趙錢孫李周吳鄭王馮「陳」褚衛……），為一年代悠久的姓氏。對於取「名」非常重視，慣例由親長依「族譜」所定輩分字派，謹慎選定之。我們陳家（指由閩南遷來的）近世的輩分輩分名派是——育、秀、培、養……。先祖父育聰公字玉卿為一鄉士紳，謹守「耕讀傳家」遺訓。先祖母方氏丁公橋人，治家甚嚴。先父秀屏公又名蔚南，畢業於南昌一中（舊制）及雲南講武堂，早年參加國民革命軍第六軍北伐，之後又從事抗戰工作。在民國三十四年冬以安石師管區少將司令職退伍返鄉。民國四十年病歿於福建順昌縣大干鄉，葬於閩江橋旁岸邊。後經「紅衛兵」之亂，掘墳破棺……，無法確定墓址所在；先母鄧太夫人慧貞於民國三十八年「掃地出門」，之後茹苦十年過世。尋得墓地於故鄉方村，一堆黃土，迄今仍未能做適當的遷葬處置——預定現行遷移靈骨回茅埂本村。

我名「培雄」是祖父玉卿公為取，一生平凡實無可記述，但為作史料之參證，也許有些微之用。於本書各篇中雖已扼要直敘其所經歷，但尚有一些瑣事贅言，為不使正文繁雜，認為有作為「附錄」之宜。自民國三十四年——六十九年之間，時空長遠，自黃河、長江、珠江，跨海到台灣。簡化條述其事於次。

二、民國三十四年冬——三十六年間所見聞及經歷

（一）三十五年初的國軍部隊整編：抗日戰爭勝利，不需要數百萬大軍……消耗國家資源，

實有裁減番號、兵員之必要。以陸軍第十八軍爲例——縮編爲「整編第十一師」，下轄三個旅（十一旅、十八旅、一一八旅），每旅下轄僅兩個步兵團。……全軍原有員額四萬多人，裁減三分之一，尚留下約爲三萬餘人。……士兵餘額不多，留營以補消耗，編餘軍官甚多，皆調往「軍官總隊」安置，其中頗有久經戰役的人，……辦法不周，處置失當，使離營人員不能見諒，招致甚多不良後果。

（二）無全般戰略思維的匆促應付「內戰」：民國三十四年冬，毛澤東到重慶與政府「和談」，沒有「結果」。十二月二十三日，馬歇爾以美國總統杜魯門特使身分，來華調處國共紛爭。……是年一月五日，成立「三人小組」（政府、中共各派一人與馬歇爾共三人），會商停戰事宜。……獲得達成「停戰協議」，由政府及中共雙方同時下達各軍指揮官。……經過複雜，未能達成雙方期望……，民國三十六年（一九四七）一月八日，馬歇爾走了——調處完全失敗，國共內戰全面爆發。

當時情形至爲紛亂……，「八年抗戰」國力耗竭，百姓厭戰……。政府正規部隊經過長久的對日作戰，曾受長期教育訓練的基層軍官、士官傷亡殆盡，補充非易。遂致戰力急速損耗……招致「無法回天」的失敗。

於此期間，我在陸軍第十八軍工兵營擔任營長，曾參加：章鳳集之戰、宿遷之戰、白馬關之戰、南麻會戰及土山集之戰。以上各次作戰，參考「陸軍第十八軍軍史，第一一八頁——一九七頁」——（國民革命軍陸軍第十八軍軍史，國防部軍務局史政處編印，民國八十七年六月三十日出版。）

（三）先是民國三十五年秋（一九四六），軍次曾暫駐於江蘇省碭山縣仁禮鄉「毛堤口」村莊。經高爾謙先生之推介，得以認知毛玉光和雨玫兄妹二人。隨後又再相逢於徐州，彼此仰慕，以爲難得之知己友情。後經張良弼、戴樹棠、陳志軒諸先進，以及十五期同學王振超學長等的贊許和鼓勵，遂於民國三十六年（一九四七）三月二十九日，在徐州市致美樓，由張良弼先生福證完成結婚典禮。

三、參加陸軍大學正規班考試

（一）民國三十七年元月（一九四八）奉命參加陸大初試，要到武漢應考，十八軍參加初試者十一人，先行到漢陽住下，再往漢口初試委員會報到。雨玫稍後亦自徐州乘軍用飛機到漢口，再至漢陽重聚。元月下旬在漢口進入考場，相繼有六天的考試，共出了七次「榜」。（從前科舉時代，進京趕考「進士」，也只有「會試」與「殿試」，可能是——僅有兩榜而已。我們來「考陸大」，再「認眞」諒也不過如此！一次「初試」便出了七「榜」，依次序而論，只要有一榜無名，就可以「打道回府了」！所謂「七榜」區分如下：

第一次放榜——核定應考報到人員的資格是否符合要求，並發給「准考証」等……。

第二次放榜——體格檢查合乎要求標準者；

第三次放榜——口試和實兵指揮通過者；
第四次放榜——軍事學科及格者；
第五次放榜——一般學科（含三民主義）；
第六次放榜——國文（作文）；
第七次放榜——初試通過，可參予覆試者。

（二）民國三十七年二月初，看榜知道初試過關後，有一段時間可以利用。乃和雨玫到武昌農學院去，拜望張克祥老師（他曾教我補習英文）和管澤良院長，並約見閔德全同學（給予三十銀元助學）。並到武昌十八軍留守處爲往南京參加覆試者借支旅費（這時，王玉山自前方來，帶了一些旅費給我），於二月坐輪船往南京下關去……，同行者有：黃煜軒、郝英武、朱平波、林書僑等人……。我和雨玫找了一家距離「考場」較近的旅社住下，這時候還有兩位同行者——俞運金士官和劉步雲世侄，讓他們住在軍留守處。辦過了覆試的報到手續之後，就在旅社中猛看書，有雨玫陪伴士氣更好，俗所謂——「臨陣磨槍不利也光！」有時候「塡鴨子」還是有用的。考試日期是三月六日至十二日，最後一天是考國文（出題目的範圍很廣，包括：大學、中庸，和孫子、吳子、六韜等（武經七書）。頭一天（三月十一日）晚上，不知道看那一本書才好？發現在枕頭旁邊放了一本既厚又小（字也很小）的樣子很「笨」的「太公六韜」。這樣多，以前看過的也記不到，不像孫子兵法十三章那樣有條理容易看，又不能「開夜車」——明天上午是「作文」要頭腦清晰才行。怎麼辦？……隨手一翻——乃是「將有五才（智信仁勇忠）」比孫子的說法稍有出入，……第五個字不同，孫子要求的是「嚴」，比較古人稍爲苛求一些，似乎很容易區別；至於「十過」的必死可殺，必生可擄，憤速可侮等……。是比較難記的，要皆儒家思想中「定靜安慮得」治心哲學之有關？……第二天早上到雞鳴寺的「明志樓」看坐位號次……考試開始時，光「線」不夠，每個座位上有一蠋台，點著白色的蠟燭，有一種嚴肅沈重的感覺！打開試題一看——「將有五才十過試申其說」——那會有這樣巧合呢？我昨晚才看過的！沈住氣寫吧！當我思考妥當，採用平舖直敘的結構，而特爲提出「忠」的看法方式，著手開始寫時。稍爲留意其他「考生」尚有執筆在苦思的。……考完出場……僅聽到一個人說——「是出在六韜裏的！」那個人乃是「孔令晟」學長！

覆試過程中，出了六次榜（比初試少一次資格核定），四月中看榜後知道被錄取了（名次十一），領到入學文件後，偕雨玫一同回上饒（住在城裏青石弄秀春叔家裏），並到茅埂祠堂祭祖，然後，我在開學（四月十六日）之前先到湯山報到，租妥房子。然後，雨玫陪母親再到湯山來。

四、遷校

（一）學校要在民國三十七年十一月間遷入「孝陵衛」的新校舍，「家」提前一點時間先搬過去（自己花錢蓋了兩間茅屋）。

母親、雨玫和我雖然住在「茅屋」裏，我看她是很高興的。這時雨玫就到南京市「鼓樓醫院」

去檢查，準備要「分娩了」。……十二月初住進醫院，十二月六日，生了一個「胖女娃子」，母親做奶奶了，很高興的……（不管徐蚌會戰如何，我們現在是三代在一起了！）。

（二）十二月二十二日，一列陸大「專車」要裝載校內眷屬往上海去「搭船」到廣州去。事前和母親商量——雨玫和小孩未滿月，不能受涼……決定由俞運金先送她們返上饒家中等待，我先到上海看情形——到底要往那裏走？

後來，是決定坐船到廣州黃埔去。我乃向校方報告，改由陸路先回上饒再到廣州去。……其後，我就先從上饒坐火車到廣州——再往黃埔島。雨玫和小鍾（取名「鍾秀」乃鍾山之秀也）隨後去。母親則不願意離開「鄉」和留在茅埂老家——誰想得到「局勢變化如此之快？」……。這使我終生遺憾！是無法補救的！

我們在廣州黃埔還上了一陣課，國難、家難、校難相繼而來……。可是，小鍾長得又白又胖眞可愛！要離開黃埔之前，二十二期同學開了一次很重要的會——學校當局預定一部分人可以到四川老校址去，同學們可用民主方式決定「走的方向——到四川或台灣？」最後，是由施玉書和我兩個人「抬槓」……。辯論結果：二十二期同學主張到台灣（因爲我們是集體行動，只有很少幾位同學留在大陸沒有來。）施玉書的新婚太太李殿群帶著他們的胖兒子娃娃是決心坐飛機回四川去了，不久之後聽說，到四川去的人也不少，在西江船上便被強盜「借去了」買路錢。

（三）民國三十八年（一九四九）七月二十五日，我們離開了大陸，乘祥興輪（在黃埔上船）直駛台灣。船上人、物很多，似乎超載，開得很慢，直到三十日才進入基隆港。在船上要照應小孩子（小鍾），沒有顧及其他，但有一件事讓我很注意——有一個小女孩留著兩條小辮子，很可愛，乃是二十三期李老師的女兒李鍾桂（相當久的後來她成爲青年救國團的領導人，頗孚眾望。）因爲校舍未洽定，乃上岸在基隆安樂小學待命。等候到九月二十二日方遷入新竹東門國民小學，作爲陸軍大學臨時校舍。同學們的眷屬則分散住在東門國小各附近，我家四人（包括俞運金）則住在新竹機場旁的一個小廟裏，同在一起的還有二十三期同學單偉儒夫婦和甘奎雲夫婦。其後因爲距校太遠乃搬到水田街農家的空牛舍住，那邊有本期同學：馮興備、喬步英、陳國柱、張丹鶴等家人。在我們家只隔一道竹籬笆牆，還「住」有一條大黃牛，不過牠很「乖」，從來沒有發過牛脾氣。

（四）民國三十八年十月十七日，陸軍大學在新竹東門國小臨時校址正式復課，展開我們一年半的安定教育生活，完成了陸大最重要的一段課程——師、軍、大軍戰術。

自三十七年十二月下旬，開始遷校，經上海——廣州黃埔——基隆——新竹的這一段時空過程中，是非常艱辛的，但終於完成任務，師生員工整體尙屬平安。但有一件遺憾的事情乃是在南京湯山，一人競選經過「拜託」而當選的「學員長」鄧良士同學於上海——新竹的這一段時間內，其言行不當，逾越「校中規範」。後經學校當局查証屬實，而予以開除的處分。

（五）民國三十九年（一九五〇）春天，我們在新竹水田街農舍克難家中已經安定下來，開闢了「小菜園」，也養了幾隻雞……。五月二十七日養衛出生，爲大家添了喜氣。他很乖不鬧人，鄰居們都喜歡這孩子。

次年三月底，在校完成學業。由　先總統蔣公中正蒞臨主持「中華民國陸軍大學正規班第二十二期畢業典禮」……。對全校師生慰勉有加。

五、陸軍大學畢業分發——仍回十八軍服務

民國四十年（一九五一）四月一日，分發到陸軍第十一師司令部補給處任中校參謀。自此之後至民國五十五年元月一日晉任陸軍少將之期間，共有十六年之久。上級主動調職十二次：十一師中校參謀——十七師司令部第四科中校科長——十七師中校副參謀長（上校編階）——十七師五十團中校副團長——台南師管區工兵團中校副團長——陸軍參謀大學中校教官——十七師五十團中校團長——陸軍第一軍團五七一工程工兵總隊上校總隊長——陸軍預備第一師上校參謀長——預備第一師上校副師長（少將編階）——陸軍第四十九師（輕裝師）上校副師長——陸軍第十九師（重裝師）上校副師長（於任職中晉任少將）；又在上述期間，調訓四次：陸軍參謀大學第四期受訓，工兵學校高級班第十二期受訓，國防大學聯戰班第七期受訓，實踐研究院聯戰班第十一期受訓。

前述調職十二次，調訓四次，共計調動十六次。在寶貴的青壯年時期——十六年之中職務被調動了十六次，平均每年異動一次，可謂「變換立置太頻繁了」。等到民國五十六年（一九六七）被派任師長的時候，已經是四十七歲——似乎是稍過了「野戰部隊長的適當年齡」——對於其

後，我執意回到大學院校去讀研究所，乃是主要「推動」原因之一也。

（一）拿到分發命令前往宜蘭軍部報到，雨玟帶兩個小孩子隨同前往，暫住同事家中。十一師改編後稱爲第十七師，我就任第四科科長。雨玟及小孩子們亦遷往礁溪就近租民房居住。四十一年本師在建軍里的克難眷舍完成，遂搬家進住。

民國四十二年十一月十二日，宜秀出生於省立宜蘭醫院，小女嬰又白又胖，眞是可愛。次年七月忽調台南師管區工兵團副團長，這個團在岡山燕巢新成立，其任務以訓練班排級幹部爲主。在確定工兵團訓練基地（新建營房）後，開始準備訓練工作之前，我回到宜蘭搬家到燕巢。租住民房，一家五口很節省過活（當時待遇很低）。記得有一次我到小街上去，我想買一條魚回家——只能買一條取出魚子的烏魚（便宜），給她們「加菜」。我在團內吃「大伙」，也很差！四十四年二月，我又被調往參謀大學當教官，乃先送雨玟和三個孩子回宜蘭建軍里眷舍居住。

（二）民國四十四年（一九五五）五月間，忽又調回陸軍第十七師五十團任中校團長（我於參大第四期受訓成績爲全期第三名，在結業時蒙總統召見依例「升職以資勗勵」，因人事次長室作業問題……延誤近一年始發佈晉升職務，但亦造成兩次不必要之更換職務），此際十七師駐防在澎湖，爲了照顧家中生活，經與雨玟商量決定，全家前往……。我和家人坐火車到高雄，再換船前往馬公。因爲是回老部隊，到差進入狀況很快，部隊士氣還不錯……家住石泉。十一月部隊回台灣，家搬回宜蘭建軍里。四十五年三月，忽然奉命調任第一軍團工兵總隊長，家乃遷至八德長生里（自己的克難房子，但土地是國有財產局的）。

（三）民國四十七年（一九五八）六月下旬，奉命調國防大學聯七期受訓，六月二十九日送雨玫到小南門附近的三軍總醫院待產，次日晨往醫院探望，養衡已經出世，母子均安。八德家中三個小孩則託人照顧，並請金忠明多前往看看。

四十七年十二月畢業，四十八年元月分發預備第一師任參謀長，部隊駐台中成功嶺……。其後，因參與「八七水災重建」有功，當選爲「國軍克難英雄」。又於四十九年十二月調升本師副師長（少將編階）

（四）民國五十一年（一九六二）二月，入實踐研究院聯戰班十一期受訓，班址台北石牌，距榮民總醫院甚近。五十二年二月畢業，分發到四十九師任副師長。師司令部先位置於台北關渡，後南移至屏東潮州。……九月十四日小全（養民）出生於台北市三軍總醫院，小男孩甚是可愛。

五十三年七月間忽奉命調任第十九師（原一一八師改編番號）副師長，即到龍潭報到……。未幾移駐下湖整訓（準備反攻大陸），爲遵守軍事機密，對家人也不能透露一點風聲。在預定鐵運到高雄的前兩天，未能回八德家中「告別」，只得就近到桃園武陵中學高中部去探視小衛（養衛）一番。……後來，並未能按計畫實施……。不久，師接替馬祖列島防務，我兼任馬防部幹訓班副主任，班址設於南竿島的山瀧港附近（主任一職由司令官雷開暄中將兼任）。班內還有：班附陳立中上校（主管訓練），教育長馬國榮上校（主管計畫、文書等），以及必要人員等……。通常軍官團的課程主要由我來實施，至於士官隊的訓練則由班附來督導實施。我建議成立「司號訓練隊」，辦了三次，很有效果，所以在馬祖到處都有「號角之聲」。通常，我在每天上午看操練或講課，下午「看書」，晚間和班附下圍棋，星期天則和預官們打橋牌……，日子過得很快！

民國五十五年（一九六六）元月一日，晉任陸軍少將（已候選少將五年）。次年六月十六日任陸軍第三十二師師長，乃離開馬祖前往金門就職。五十七年師移防至屏東擔任本島南部防務，司令部駐潮州營房。……我家自桃園八德遷移到第一次分到的正式眷舍——台北縣中和市民生街「莒光一村二十號」爲聯工署所建很堅牢但坪數較少。

六、再調任較高級職務

（一）民國五十八年六月十六日，調任陸軍供應司令部工兵署長（中將編階），六十年一月隨司令周士瀛中將訪美，參觀夏威夷美軍設施，並訪問美五角大廈國防部及戰、汽車工廠等。是年四月忽調任聯勤總部工程署長。六十一年夏，長女鍾秀與邵維德上尉結婚。六十二年五月，調任聯勤研督會副主任委員。六十三年七月十六日，經由謝自學先生介紹，任卓宣先生尉素秋教授尉素秋觀禮見證，我與雨玟敬拜蕭一葦先生爲老師，學習北派國畫，成爲入室弟子。

（二）民國六十三年（一九七四）九月二十一日，調任警備總司令部花蓮師管區司令，兼任第二作戰區司令（歸陸軍總司令部作戰管制）。

（三）民國六十三年八月十日，我們一家人在三軍總醫院等候著……，鍾秀生第一個孩子

——取名爲邵宇辰，孩子成長的很好，我們都叫它「大娃娃」。六十五年八月十日，「小豬」邵宇玄出生，小胖娃很壯的樣子。

（四）民國六十六年（一九七七）八月二十八日，宜秀與張三祝結婚。是年十二月二十一日，我調任軍管區副司令（施玉書學長先打電告訴我要調動，並說——這是軍人的最後一站！）

六十七年六月三十日，張士哲出生於台北三軍總醫院，爲張家的「金孫」——唯一的小男生。

（五）民國六十八年，經國先生任總統，中美斷交——但國內穩定。是年夏，養衛不幸在舊金山大橋附近因車禍去世（時在加州大學柏克萊電機研究所博士班爲研究生），給我家一個重大的打擊，影響深遠，……請人前往將「骨灰」帶回，安葬於桃園三峽天主教墓地。

七、榮民生涯自由自在，做自己喜歡做的事情

（一）民國六十九年五月一日，我滿六十歲，依限齡退休轉任後備役，到輔導會報到爲榮民。乃專心習畫並練習木工以鍊體力。七十年七月十日，張欣怡出生於三軍總醫院。七十一年在台北國軍文藝中心首次開畫展。

（二）民國七十二年開始準備投考大學研究所碩士班，養衡多次陪我趕考場，他在兩年之後考進淡江大學美國研究所碩士班。我和馬立維少將、李健中將亦到淡江國際戰略研究所碩士班去

旁聽。七十五年三月二十二日，養衡與鄭伊修在台北市結婚。

（三）民國七十六年（一九八七）秋，我考入國立政治大學法學院東亞研究所碩士班第二十期爲研究生，於七十八年十二月十五日論文口試通過，次年元月獲得法學碩士學位（論文題目——中共武裝鬥爭之研究）。

民國七十九年（一九九〇年）接受大同工學院特聘教授至大學部開課，講授通識課程（以中國現代史爲主）。

（四）民國八十年（一九九一）六月二十三日，長孫騏元出生於台北市國泰醫院。

八月七日接獲政大通知：考取東亞研究所博士班第十一期研究生，繼續在校研究。同時也繼續在大同工學院教書。

（五）民國八十一年（一九九二）四月間，雨玫由養衡陪同前往新疆探親，二哥玉光、二姐玉蓮住在天山北路的博樂縣（接近俄國邊界）；大嫂及其子孫則住在天山南路，他們在那裏都能生根安居了。

八十二年十一月九日，我家的千金孫女泱儒在台北市國泰醫院出生，很是可愛。

民國八十四年（一九九五）五月中，論文口試通過，六月獲得法學博士學位（論文題目——從中共意識形態論毛澤東的軍事思想）。

九月間，偕碩士班二十七期（當時爲碩二研究生）同學到大陸訪問：北京大學、人民大學、西北大學（在西安）、山東大學（在濟南），以及復旦大學（在上海）等五校。回台灣後，繼續在大同工學院任教。是年十二月中，經林馬莉夫人介紹，偕雨玫進住「翠柏新村」老人安養院，百齡乙型十三號二樓。

八十五年清明前，承在台上饒同鄉會長鄭伯誠兄允諾結伴同行，回鄉探親，在清明節前一日到達上饒，蒙台聯會長童康樹先生妥為安排「行動」：

1. 在清明節當日先到方村「鄧太夫人墓地」祭拜，然後再到「毛埂老家」、祠堂、水雄、後面河、老屋……等處走一遍……。對我而言——內心的愧疚……真是不堪回首！

2. 安排了兩天的時間到「大干」去找父親的墓地……。我在閩江邊覺得「很無助！」又有「很惘然」之感。

3. 參觀了幾所學校……，讓我覺得「教育在努力向前走」所需，可是，我能為「其」做一點什麼呢？也讓我想到——七十多年來的過程乃是：讀書——從軍——老兵——書呆子……。有一句俗語——「百無一用是書生」。……

回到台灣來，還是繼續教書的好！

(六) 在養老院的老人還能做出點什麼呢？盡心而已！

1. 民國八十六年（一九九七）初，我向老長官劉鼎漢將軍承諾——願意參與「編修十八軍軍史工作」。……乃與傅應川中將（史政局長）、馬守臣、袁振華、王正強等老戰友在劉若公指導下，完成了此一共同「心願」。於八十七年七月十日，在台北市英雄館舉行「陸軍第十八軍軍史」正式發表典禮。

2.民國八十九年初，忽然發現了「高血壓」，加上取除「白內障」之後視力未能完全恢復，遂未能繼續到大同工學院去上課。這時已經教了十年的書，稍微彌補了「老人讀博士是浪費國家資源」的遺憾論調（當年有人這樣說的）。

3.我在青少年時代，意想不到當了軍人；我在民國三十四年「八一四」那天晚上，意想不到還能「活著」；我在民國三十八年，播遷來台時，意想不到「半個世紀之後」，這幅青天白日滿地紅的國旗，依然飄揚在空中；最令我意想不到的竟然是有一些「人物」正在過著「寄生蟹」生活，頂著「藍天白雲」，卻「橫行霸道」恬不知恥。

由於上述的四個「意想不到」，卻令我想到了「兩句話」——其一、「青年創造時代，時代創造青年。」——其二、「中華民國有你不強，少你不亡！」

我成長於三〇年代，六十多年以前的青年充滿了愛國心——所以會形成「抗日戰爭」的熱潮；當前我衰老在「地球村」的年代——「中國人的世紀」之年代，我尚沒有看清楚它對年輕人影響的效果？

當抗戰進到民國二十九年（一九四〇）的時候——是非常艱苦的。我在初當排長的時候，只知道一切依照「典令」去做，上級營長看我「笨」得可以？要在全營集合的場所訓示我一番，想不出「適當」的「用詞」，所以「擠」出「其二」那句話來。我很高興的是——後半句「少你不亡！」

依據「春秋」大義來說，中華民國曾經在大陸上擊敗了日本帝國主義，洗雪了滿清末季以來的「百年恥辱」，八年的戰爭之後，創造了「政治經濟奇蹟」，改善了人民生活，事實俱在……，也不能完全抹煞。

不能讓「歪理取代了正義」，所以我要把抗戰期間基層軍中幹部所經歷的情形（似乎是很少人寫過的）由回憶而寫出來。

八、最後，還有兩點在附録裏提出來，以免有遺珠之憾：

其一，在民國二〇年代乃是由「私塾」過渡到「學校」的時期，「師道」尊嚴。當我在讀初小（前四個年級）的時候，幾乎每天都有「考」——「背書」或「默寫」。進到了高小（五、六年級）則有：隨堂考試、小考、月考和大考（期末考試）；當然還有入學考試和畢業考試，我在小學畢業的時候，參加了國家規定的首次「會考」——是以縣為單位舉行的。初中三年的考試比小學少了許多，我在畢業的時候也參加了首次全國性的「會考」。進入高中的考試次數又比初中少些，後來因為戰爭爆發的關係，我到別的地區「借讀」，不久也就從軍而考進了中央軍校。

在軍校受訓時的考試，主要的一次是入伍期滿後的分科考試。學校規定有二：其（一），凡不願參加分科考試的，就等於志願選擇「步科」；其（二），參加分科考試的，可以在炮、工、通三科中選擇一科或兩科，若選兩科的則分為第一志願及第二志願。我參加分科考是選兩科的：第一志願是炮科、第二志願是工科。考試的結果是取在第二志願（當時我有一點失望——不能夠

「騎馬、放砲」）所以說「考場一時的失意，不要太計較」。有關其他各時期所進行的考試「很多」，分別記述於正文各篇之內。簡言之，如果認爲我生平有一點點對國家社會的貢獻——都是「考」出來的。

其二，當軍人有四十多年之久，但在步兵師以下的時間幾乎佔了三分之二，而且沒有超越過各種「階層」，依次序曾經任職：排長二次、連附（即副連長）、連長、副營長二次、營長、團附、副團長二次、團長二次、參謀長、副師長三次、師長，就幕僚系統而言，亦曾經歷：參謀——科長——副參謀長——教官——參謀長。

附錄二：歷年所作題畫詩鈔集

一　入山撫琴

晴川煙一抹，策杖過松林，行到山深處，從容理素琴。

二　松下對奕（棋思）

非爲兩三目，計較苦思量，對奕消永日，渾忘歲月長。
得失棋中局，何須苦較量？與君消永晝，歲月易相忘。
春回大地嶺雲開，雪化山源綠染苔，拾得松枝煮新茗，清香引得棋思來。

三　高山飛瀑（人間仙境）

雲橫峻嶺飛泉冷，古木參天遠市囂，避世何須仙境覓，人間此地也逍遙。

四　雨後漫步

昨夜山中風雨急，今朝遍地落殘英，溪邊唯有羲皇侶，策杖尋幽踽踽行。

五　巨石

十載河東忽河西，屹然巨石不曾移，平凡景物寓眞理，共話溪山足自怡。

六　長流

長川遠自碧雲天，萬里奔流氣浩然，蕩蕩不遺涓滴水，能容乃大勢無前。

（修改前人詩句）——高高明月照行舟，寂寂長川萬里流，鄉園不知何處是？雲山漠漠使人愁。

七　長嘯

華鬢秋色染，舊地再登臨，幾見山河老？浮雲幻古今。

萬水千山曾渡越，堪驚履重此登臨，江南景色煙雲斷，極目長天悵昔今。

（借句）──仰天長嘯山鳴谷應，舉頭四顧海闊宇空。

八　西望

大陸沉淪倏卅年，蓬萊西望黯雲煙，明知剝復關天道，搔首臨風亦泫然。

九　荒江垂釣

荒江漠漠山如黛，垂釣惟聞過鳥聲，暖日和風人欲醉，清波蕩漾一舟輕。

十　飛鶴古松

（短句）──青雲其志，松柏其身，不移不屈，永抱堅貞。

十一　白雲山岳（短句）

白雲出岫原無意，山岳排空似擎天。

舒捲白雲添詩意，鑿空山岳激壯懷。

十二　高山松鶴（四短句）

歲月悠悠蒼松自在，雲天漠漠白鶴逍遙，
仙鶴逍遙忘歲月，古松蒼翠自高寒。
雷厲霜凌蒼松自在，天空海闊白鶴逍遙。
雲鶴悠然任來往，蒼松自在不知年。

十三　河上風光

河上風光秋水平，白雲紅葉映分明，蘭舟繫在蓼花岸，巨本森蔭蟬競鳴。

十四　漁隱詞—「戀繡衾」

江湖漂泊一笠翁，覓魚龍煙跡雨蹤，夢不到紅塵路，御風波身寄釣蓬，
疏林岩岸清幽處，望雲山青翠萬重，怕靈境難再見，運神毫描入畫中。

借句：

關塞極天惟鳥道，江湖滿地一漁翁。

古今不預與亡事，只有滄浪獨釣翁。

十五　凝空翠　一葦師題畫詩─五律

疊峰凝空翠，疏林帶晚煙，已拋塵俗累，長結水雲緣；

蜡履還尋鶴，斜陽好繫船，幽人多古意，松菊義熙年。

十六　飛閣流丹

詞─「江城子」

北雁飛過石城東，散飛蓬，已秋風，寂靜樓台。松影冷煙中，一去天涯行漸遠。懷故國，此心同。

一葦師題畫詩、及句

飛閣流丹倚碧空，捲簾極目送歸鴻，應無採葯秦人至，弱水蓬山在鏡中。
萬里晴空天宇淨，無雲無雨鶴歸來。

十七　江山如畫（乾坤清氣）

江山景色不勝收，潑墨濡毫造化侔，掩映樓台詩境界，乾坤清氣紙間浮。

十八　春雨行

山原綠遍春將暮，更惹鄉思杜宇聲，野渡停舟行客遠，微風細雨又清明。
翠滴空林驟雨過，歸舟野渡寄岩阿，蓬門自有天然樂，早晚時聞樵牧歌。

十九　故國山河

山人底事踏塵氛，拋卻青山與白雲，佳境神遊翻似夢，映紅照綠意紛紜。

二〇　遠遊

村煙幾處繚江濱，萬紫千紅景色新，識得春光無限好，陶然欲醉漫遊人。

氣勢萬千塗畫間，老兵筆下舊江山，天涯作客來相贈，聊慰鄉思且展顏。

長川雨霽見群山，老樹連雲蒼茫間，景物依稀似曾歷，白頭奔走應知還。

（借句）藍水遠從千澗落，玉山高並兩峰寒。

二一　滿林秋

小築青山綠水涯，林岩秋葉勝春華，斜陽古道行人少，獨留空亭對晚霞。

二二　碧樹春

松蔭橋石染苔痕，時節飛花綠滿村，古道清幽行跡少，漫山煙雨舊朱門。

樓台煙雨暗朱門，流水飄花綠滿村，野叟惟知耕稼事，繁華綺夢了無痕。

二三　古寺鐘聲（危嶂連雲）

一葉輕舟泛綠川，村翁垂釣碧岩前，危峰聳立斜陽外，古寺鐘聲落半天。

二四　江山古蹟

江山古蹟傳青史，滄海桑田幾變遷，百代悠悠成追憶，岡陵漠漠草如煙。

後兩句亦可用：

1羈客徘徊思故國，岡陵夕照起寒煙。

2籌策依俙留形勢，艱難創業憶先賢。

3墨客詩人低迴處，岡陵漠漠漫雲煙。

二五　茂林結廬

既愛青山胡不還？歸來築屋茂林間，浮生樂事自尋得，勿教愁雲遮笑顏。

二六　江渡

鳥道枎遙上碧空，春山寂靜野花紅，江城過客扁舟渡，共與斜陽入畫中。

二七　水邊人家

青山隱隱煙雲裡，茅舍高低近水涯，此去市中塵似海，何如且住野人家。

二八　水曲山隈

江湖滿地羨漁翁，水曲山隈隱約中，一葉片舟任雨露，清風煦日樂無窮。

煙波江上老漁翁，水曲山隈泊釣蓬，一笠一簑長自在，了無拘束任西東。

二九　江湖樂

扁舟自得江湖樂，田野之家有此閑，際會風雲堪一笑，而今不再負青山。

三〇　江村漁樵

五月江村柳葉長，繫船蓼岸樂清涼，漁樵不受紅塵涴，笑煮鮮鱗沽酒嚐。

三一　煙霞深處

煙霞深處鬱蒼松，屹立寒風冷雪中，一灣清溪繞竹樹，山家茅屋石橋東。

三一　山中叟

高樹森森翠蓋涼，初晴宿雨碧天長，何人得似山中叟，獨釣溪頭野卉香。

三三　平靜

水繞山村小橋橫，輕風拂面踏青行，疏籬草屋人家靜，幾片飛花落有聲。

三四　村柳

綠柳臨風飛絮白，清陰滿地日方長，何須惆悵春歸去，且管山村四月涼。

柳絮翻飛野草芳，清陰滿地日方長，何須介意春光老，且樂青山初夏涼。

三五　松石之畔

煙霞一抹橫山碧，寂歷青空雨乍收，石徑松濤饒畫意，扶筇歸去屢回頭。

三六　溪亭靜坐

春山雨後泉聲急，樹影重重起畫寒，更撩詩思難入寐，溪亭獨自倚欄干。
深山草木自芬芳，小閣松風日影涼，綠水秋來寒玉淨，征鴻此去雲天長。
山中歲月任徜徉，草閣閑登舉目望，澗水從天寒玉潔，飛鴻振翼碧空長。

三七　歲寒三友

立地擎天靈秀鍾，浮香冷月憶芳容，高風亮節歲寒友，綠竹紅梅與古松。

三八　松下觀瀑

斜暉一抹青山外，飛瀑喧聲落澗前，倚杖松岩若畫境，無邊空翠濕衣寒。

三九　風雨歸舟

晴川景色轉空濛，一葉扁舟兩袖風，爲愛清溪楊柳岸，山居草閣煙雨中。
山川景色忽空濛，廖落行人漫天風，野渡停舟登柳岸，歸來煙雨滿簾櫳。

四〇　水閣

一色江天眼底收，隨風翠影拂簾鈎，無邊佳景任欣賞，不羡人間萬户侯。

四一　荒江夕照

盡日溪頭對綠楊，青山夕照入蒼茫，漁歌唱罷江村暮，鷗鷺歸來雲水鄉。
寂歷春風伴綠楊，荒江落日照歸航，漁歌唱歇青山暮，宿鳥飛來雲水茫。

四二　青山下

青山茅屋兩三楹，硯墨楮毫盡有情，劍匣空留歸去賦，帷燈漫寫石頭城。
麝媒鼠尾自相親，滿室清虛迥絕塵，欲試丹青新手筆，描他夢裏五湖春。
茅屋觀史冊，歷亂感浮生，終有天道在，休爲白髮驚。
孤芳居陋室，華髮惜餘生，日讀千秋史，幾人萬世名。
何處容棲隱？空山是我家，晨昏雖寂歷，相伴有晚霞。

詩書香滿室，讀史慰平生，河岳千秋在，人誰百世名。

四三　望雲居

遙山雨後翠微茫，近處疏林照斜陽，松石樓頭靜坐久，似聞燕語惜春光。

四四　釣沙溪

沙溪曲折清淺水，隔岸人家雞犬聞，野叟生涯無箇事，閑來坐釣夕陽曛。

四五　偶過南山

蒼松奇石滿西灣，出岫閑雲任往還，等是優游消歲月，偶然曳杖過南山。
南遊五嶺北雲夢，歷歷山川在憶中，此日登臨遙望處，茫茫海上又秋風。
卻從塵外望塵中，無限樓台煙雨濛，山水照人迷向背，只尋孤塔認西東。

四六　持竿叟

寂靜漁村景色秋，新霜點染碧山頭，浮生願作持竿叟，不管風寒不惹愁。
故國江村景色秋，煙波留得後人愁，古今不預興亡事，只有滄浪獨釣舟。
故國山川景色秋，醉紅撩亂上枝頭，村前偶見持竿叟，一笠清風了無愁。
（尉素秋教授改第三、四句：一竿煙雨清溪上，笑看魚群自在游。）

四七　林泉佳處

溪聲滿谷聽秋山，落葉紛紛暮靄間，坐看雲天多幻景，浮生樂靜得悠閑。
水色煙光映玉灣，忘機鷗鳥恣飛還，年來常作江湖夢，對此身疑在故山。

四八　家居雲峰

家居滴翠雲峰下，萬壑千岩一徑通，應是山深人不到，往來惟有採樵翁。

四九　瀟灑清真

空翠四圍如幻景，異花奇草溢芬芳，松岩常坐赤松侶，鶴東空傳張子房。

四圍空翠連霄漢，幽谷懸岩蘭蕙芳，澗水松風塵不染，任君自在白雲鄉。

五十　溪山歸隱

依山傍水樂無涯，隱叟漁樵住幾家，常有騷人來作客，天然景色蓋京華。

傍水依山住幾家，漁樵耕讀樂無涯，花霧重，柳風斜，南華看罷試新茶。

（上爲詞——漁父）

五一　亭皐清幽（詞二首——憑欄人，上平十一眞轉十二文）

薜石亭階曉露痕，萬里青空飄白雲，南山落葉紛，秋風華髮新。

亭境清幽自在身，今古人間來去雲，滄桑何處分，青山佳氣新。

五二　清溪泛舟

情懷欲暢趁春遊，綠水青山滿目收，舟子能知乘客意，輕盈划槳到溪頭。

青衫誤我數十秋，石硯磨穿尚不休，畫作木蘭舟上客，游山玩水易忘憂。

五三 春游泛舟（詞—江南春）

雲淡淡，水清清，花紅桃引蝶，葉綠柳飛鶯；江南春好遊人醉，漫聽子規三兩聲。

五四 望江樓

傍岸高岡立危樓，雲沉浪起幾度秋，何人懸幟西風裡，不斷江聲動客愁。
碉樓屹立在高崗，險扼長川鎮一方，雷鼓風雲歸寂寞，誰人識得是沙場。
巍然殿宇立高崗，極目長川景色茫，應是仙蹤離去遠，閑雲野鶴入畫牆。
荒岡傍岸立高樓，江水滔滔去不休，暮雨朝雲春復秋，總難留，無盡幽思添客愁。
（詞——憶王孫）

五五 仙境

嶺上疏林隱閣樓，鐘聲盪漾落漁舟，石磯西畔持竿叟，靜看江天一色秋。
桃源仙境此山中，殿宇隱林叢，鐘音遙落鄉村裡，耕讀樂融融。石磯畔，小船篷，

坐漁翁，一聲長嘯，覺起飛鴻，展翅碧空。（詞——漁父家風）

五六　江村二月

初綻桃花蕾，江村二月寒，漁郎垂釣去，是否覺衣單。
竹影搖窗外，桃花初綻寒，因念垂釣者，坐久覺衣單。

五七　行雲流水

由來雅士足清狂，不羨華居愛草堂，郊野荒村天地闊，行雲流水自徜徉。
幽谷依危嶂，疏籬掩草堂，行雲流水任徜徉，蘭杜自芬芳，綠野身心爽。青山歲月長，從容讀盡好文章，蹉跎又何妨。
（詞——巫山一段雲）

五八　日月潭

日月光華雨露均，山青水綠總是春，堪將秀色喻西子，明珠玉珮皆悅人。

五九　大貝湖

澄清湖畔晚風涼，玉石欄杆久倚望，滿目雲煙餘樂土，願君倍惜好時光。

六〇　圓山曉霧

圓山大廈立晨空，一夜笙歌正好夢，霧裡觀花增感慨，誰念海角抱愚忠。

圓山曉霧，隱約樓台樹，昨夜香車留處，垂簾暖春霄度。美人帳下舞，誰念離亂苦，每自沉吟今古，漸華髮已無數。（詞—霜天曉角）

六一　又見秋山

葉醉枝頭又見秋，時序逝水去悠悠，草堂話舊多歡樂，恍惚韶光已倒流。

紅葉滿山又見秋，滄江一臥久淹留，推移時序誰能挽，不覺星星換黑頭。

六二　松林小築

松林小築擅清幽，夜雨山泉繞砌流，應是煙霞塵外客，偶然到此便淹留。

六三　讀書樂

和風傳送讀書聲，漫步溪橋策杖行，茅舍松濤居隱士，山花滿地自欣榮。

六四　探幽觀瀑（詞—西江月）

危嶂雲間矗立，寒泉石上奔流，疏林紅葉景清幽，滿目山川如繡，別有洞天佳境，靈氛消盡閑愁，浮生此際復何求，休管金章綠綬。

不盡清泉石上流，江楓紅葉野花秋，靈山遠隔煙塵外，別有洞天景色幽。

六五　武陵秋

萬壑千源不盡流，輕舟一葉武陵秋，清風明月無人問，付與漁樵自在遊。

不盡天泉聚此流，繽紛景色武陵秋，幽鄉久與塵寰隔，對岸何人繫扁舟。

六六　石溪閑釣

草屋松泉足自耽，孤舟閑釣石溪南，飛鴻落霞興詩意，長嘯一聲秋水藍。

六七　坐石看山

樹石參差水滿灣，相偕消得此中閑，何須漫步尋詩意，靜看煙溪雨後山。
空翠四圍水一灣，風光如畫遠塵闤，浮生何事最欣羨，靜看煙溪雨後山。

六八　醉翁觀景

古松蒼勁勢扶搖，一帶山河浩氣飄，醉眼覩看乾坤小，何須插翅上雲霄。

六九　野渡

荒涼古道少行蹤，野渡清流偃巨松，獨有扁舟簑笠客，悠然矯首看雲峰。
浮生落拓水雲間，野渡維舟身自閑，仰臥看山青入夢，松風吹醒感輕寒。

七〇　林岩寄跡

群山嵂崒欲連天，雲樹清奇映眼前，應有高人來寄跡，林岩深處見炊煙。

七一　松樓高詠

晴日融融映碧空，遙岑突兀白雲中，凡塵未染蒼松色，閑詠樓頭高士風。

七二　紅葉清溪

白雲紅葉漫山中，身入林泉俗慮空，悟得浮生眞樂趣，清溪十里一漁翁。

七三　茅堂秋詠

蒼山碧水舊茅堂，古樹森森映夕陽，落葉滿庭曾未掃，秋來竟是爲詩忙。

七四　綠野幽情

綠野園林近水濱，薜蘿松竹伴幽人，從無車馬門前路，藜杖綸巾不染塵。

七五　畫江南

叢林滴翠水滂灣，恰似江南雨後山，白髮天涯頻撫劍，昨宵有夢凱歌還。

七六　柴門清風

波光嵐影碧如苔，紫竹梅林繞舍栽，曠蕩清風塵未染，柴門時有雅人來。

七七　綠玉灣

小築林岩綠玉灣，無邊寧靜出塵闤，檻前秋水連天去，數點沙鷗恣意還。

七八　天南山景

恍忽置身圖畫間，松林草屋對青山，沿溪宛轉村前路，野鶴閑雲任往還。

七九　古寺雪景

彤雲黯黯雪漫山，且寄扁舟傍水灣，古寺寒鐘驚夢醒，不知身世在人寰。

八〇　碧玉灣

淨境遠塵闤，門前碧玉灣，詩書芳草屋，古道怡容顏。

八一　故國山河

故國山河夢，縈迴羇旅身，眼前景色好，不是江南春。

八二　憑高回首

錦繡山河在，天涯記憶眞，憑高莫回首，不見洛陽塵。

八三　習畫

初不信浮生似夢，而今是夢也成眞，無從管放翁山水，尚喜有毫楮可親。

八四　靈山重重

小橋流水接靈山，掩映樓台萬樹間，谽谷生涯如野鶴，高人應是雲遊還。

八五　天涯海角

天涯又海角，何日浮歸棹？煙雨暗華樓，海風驚夢覺。

（借句）

閑愁擲向天涯外，淡泊尋來海角中。

八六　海隅樓台

遠眺茫無際，耀光檣影斜，樓台連海隅，驛路斷天涯；攜旅猶遺恨，餘生豈望奢，何時歸故里，獨釣信江槎。

八七　萬樹千山

萬樹皆新春色裡，千山半隱白雲中，詩情畫意等閑事，冠蓋何如一介翁！

八八　翡翠谷

青山翠谷淡煙遮，古木蒼松歲月遐，已隔繁華千百里，漁樵種牧樂無涯。

八九　月夜泛舟

秋光似水水如天，畫意詩情嘆自然，莫教浮生輕若夢，蘭舟夜泛惜華年。

九〇　登山訪友

遠上白雲鄉，山高流水長，清幽稀訪客，草木自芬芳。

九一　秋—秋　聲

江湖天地闊，迴望水連雲，垂釣扁舟靜，秋聲陣陣聞。
秋—渾　忘
秋高天氣爽，傍岸綠波平，漠漠持竿者，渾忘世俗情。
秋—淡　然
秋來天氣好，舉目遠山橫，瀟灑扶笻叟，淡然萬世名。

九二　巨松

嶺上仙泉毓巨松，擎天拔地似虯龍，河山帶礪遙無際，卻在煙霞顧盼中。

靈泉毓奇松，氣勢似虬龍，絕頂迴望遠，雲山數萬重。
孤峰擎巨木，意氣貫長虹，滄海桑田事，從容顧盼中。

九三　雪後問梅

遙岑雪未消，朔氣漫山飄，昨夜梅開否？今朝過小橋。

九四　一段幽閑

雲淡天高氣爽時，蒼松瀟灑展虬枝，山人會得林泉意，一段幽閑我自知。

九五　初冬山景

冷落丹楓葉，松針尚滿林，風光含義理，共礪歲寒心。

九六　故國神遊

隱現雲山疑幻夢，滿簾幽綠驚春遲，何須感慨逝如水，覓句漫遊應及時。

九七　結伴同遊

清秋天氣好，席地談從容，採葯明朝去，雲山第幾重。

九八　踏雪尋梅

霽色開朗喜乍情，尋梅踏雪有同行，纖塵不染山中景，人與梅花一樣清。

九九　水上茅廬

茅廬臨水築，葭葦有清馨，野叟常來此，漫談山海經。

一〇〇　溪山秋晴

溪山繞繚正新晴，淨掃煙雲嵐氣清，爲愛眼前秋色好，披衣曳杖漫郊行。

一〇一　青山畫樓

四圍青山隱畫樓，塵氛迴隔足清幽，怡然省識閑中樂，卻勝江湖任漫遊。

一〇二　松影樓台

江南勝蹟百千年，松影樓台漫雨煙，懷古幽思無限意，遊蹤到此足流連。

一〇三　閑居情懷

峑嵂青山夕照寒，流光逝水興闌珊，關河縱有驚天事，付與幽閒袖手觀。

一〇四　瑤山景色

舟楫馬蹄客路忙，瑤山景色最難忘，若非寄託興亡事，眞欲結廬留此鄉。

一〇五　溪橋人語

溪橋逢長者，近況問何如？寄跡臨空谷，幽香浸草廬。

一〇六　西窗秋意

西窗初覺些微涼，野樹先紅葉染霜，坐到慮清心寂地，松風颯颯傳芬芳。

一〇七　清秋時節

迷漫萬壑樹聲滿，日麗千巖佳氣高，最是清秋時節好，青衫棘杖任遊遨。

一〇八　紅梅

喜得紅梅發，小樓帷幕芳，當窗人似玉，誰復羨鴛鴦。

一〇九　山居幽情

秋風最是添華髮，羈客幽夢了無痕，靜坐松蔭聽流水，詩思繚亂日黃昏。
山居景物多詩趣，海角春夢了無痕，默默芳菲逐流水，幽幽松柏共晨昏。

一一〇　感懷

悲歌未已兩鬢斑，慷慨平生剩一閒，卻擁書城身似寄，悵望無那舊家山。

國家圖書館出版品預行編目資料

考驗：老童生回顧集 / 陳培雄. -- 初版. -
- [臺北縣汐止市]：陳培雄；臺北市：
揚智總經銷, 2003[民92]
面； 公分

ISBN 957-41-1145-8（平裝）

1. 陳培雄 - 傳記

782.886 92011759

作　　者／陳培雄
出 版 者／陳培雄
總 經 銷／揚智文化事業股份有限公司
地　　址／台北市新生南路3段88號5樓之6
電　　話／(02)2366-0309
傳　　眞／(02)2366-0310
初版一刷／2003年8月
定　　價／280元

郵政劃撥／14534976
帳　　戶／揚智文化事業股份有限公司
E - mail／tn605547@ms6.tisnet.net.tw
網　　址／http://www.ycrc.com.tw